NAVIGATION

Der Lutherweg in Sachsen-Anhalt

Praktische Hinweise

Das Mansfelder Land

Das Untere Saaletal und Halle

Der nordöstliche Saalekreis

Zum Unteren Muldetal

Die Dübener Heide

Durch das Elbtal nach Wittenberg

Die Region von A bis Z

Lutherbüste vor seinem Geburtshaus in Eisleben

Das Lutherdenkmal in Wittenberg ➢

Stadt- und Reiseführer im Mitteldeutschen Verlag
Halle • Magdeburg • Müritz • Die Weinstraße Saale-Unstrut • Merseburg • Wittenberg – Dessau – Wörlitz. Die UNESCO-Welterbestätten • Musikleben in Sachsen-Anhalt

Dr. Britta Schulze-Thulin
geb. 1966, Urgroßnichte von Oskar Thulin, des 1930 ins Amt gekommenen ersten hauptamtlichen Direktors der Lutherhalle in Wittenberg, lebt als freiberufliche Schriftstellerin in Halle (Saale). Ihre Schwerpunkte sind Reise-, Wander- und Sprachführer.

Im Mitteldeutschen Verlag erschienen: Großsteingräber und Menhire (2007), Wanderführer für Mitteldeutschland: Halle und Umgebung (2005), Saale-Unstrut-Triasland (2008), Mansfelder Land und Unteres Saaletal (2008).

Britta Schulze-Thulin

Der Lutherweg

Eisleben - Halle - Wittenberg

Mitteldeutscher Verlag

Lutherweg
E11
Lutherweg
E11

Der Lutherweg in Sachsen-Anhalt 8
Vorwort von Stephan Dorgerloh 8
Kurzbiografie zu Martin Luther 14

Praktische Hinweise 16
Wandern und Radfahren auf dem Lutherweg 16
Planung und Vorbereitung 18
Übernachtung und Gastronomie 18
Zur Benutzung des Reiseführers 19

Abschnitt 1: Das Mansfelder Land – Luthers Heimat 21
1. Etappe: Mansfeld (1 km) 21
2. Etappe: Von Mansfeld nach Eisleben (17 km) 27
3. Etappe: Eisleben (2 km) 37
4. Etappe: Von Eisleben nach Seeburg (18 km) 46

Abschnitt 2: Das Untere Saaletal und Halle 53
5. Etappe: Von Seeburg nach Köllme (14 km) 53
6. Etappe: Von Köllme nach Halle-Giebichenstein (18 km) 63
7. Etappe: Abstecher in die Altstadt von Halle (3 km) 69

Abschnitt 3: Der nordöstliche Saalekreis 83
8. Etappe: Von Halle-Giebichenstein nach Teicha (12 km) 83
9. Etappe: Von Teicha nach Brachstedt (16 km) 89
10. Etappe: Von Brachstedt nach Gütz (Landsberg) (13 km) 97

Abschnitt 4: Zum Unteren Muldetal 103
11. Etappe: Von Landsberg nach Brehna (12 km) 103
12. Etappe: Von Brehna nach Friedersdorf (24 km) 112
13. Etappe: Von Friedersdorf nach Schlaitz (13 km) 124

Abschnitt 5: Die Dübener Heide 130
14. Etappe: Von Schlaitz nach Hammermühle (Bad Düben) (18 km) 130
15. Etappe: Von Hammermühle zum Ochsenkopf (19 km) 138
16. Etappe: Vom Ochsenkopf nach Kemberg (12 km) 146

Abschnitt 6: Durch das Elbtal nach Wittenberg 151
17. Etappe: Von Kemberg nach Lutherstadt Wittenberg (22 km) 152
18. Etappe: Lutherstadt Wittenberg (3 km) 158

Die Region von A bis Z 177

Ortsregister 188

Personenregister 189

Abbildungsverzeichnis 191

Legende

- ausgeschilderter Lutherweg
- Abstecher
- Wanderrichtung

- Siedlung
- Fluss/Bach
- See
- Waldfläche
- Weinberg

- Kreis/Landstraße
- Bundesstraße
- Autobahn
- Bahnstrecke

- Touristinformation
- Sehenswürdigkeit
- Aussichtspunkt
- Kirche
- Burg/Schloss
- Museum

- Gaststätte
- Café
- Eiscafé
- Weingut
- Unterkunft

- Parkplatz

Der Lutherweg ist durch ein grünes „L" auf weißem Grund gekennzeichnet.
In den Übersichtskarten wurde er grün markiert.

An den Stationen des Lutherweges kann man auch persönlich auf „Martin Luther" treffen. Torsten Lange als Martin Luther und Mona Gödecke, Geschäftsführerin des Hotels „Graf von Mansfeld", als Isabella von Mansfeld auf dem Marktplatz in Eisleben

Der Lutherweg in Sachsen-Anhalt

„Im Jahre 1483 bin ich, Martin Luther, geboren von meinem Vater Johannes Luther und meiner Mutter Margaretha. Mein Vaterland war Mansfeld. Ich bin eines Bauern Sohn, mein Vater, Großvater, Ahnherr sind rechte Bauern gewesen ... Danach ist mein Vater gen Mansfeld gezogen und daselbst ein Berghauer geworden ... Die Mutter hat all ihr Holz auf dem Rücken zusammengetragen, also haben sie uns erzogen."

Der Lutherweg in Sachsen-Anhalt führt von Mansfeld nach Wittenberg, von der Kinderstube bis zur Predigtkanzel. Wer auf dem Lutherweg läuft, wandert nicht nur auf dem Lebensweg Martin Luthers, sondern kann auch an den verschiedenen Etappenorten das Werden und Wirken des Reformators erkunden. Martin Luther wächst in wirtschaftlich gesicherten Verhältnissen im Mansfelder Bergbau-Milieu heran. Das nahe Eisleben ist nicht nur sein Geburtsort, sondern hier steht 1546 auch sein Sterbebett. In St. Petri und Pauli wird er getauft. Seine weiterführende Bildung erhält er in Magdeburg, Eisenach und als Student in Erfurt. Dennoch wird Wittenberg zur zentralen Stadt in Luthers Leben. Hier beginnt seine berufliche Karriere zunächst als Lehrer der Philosophie, später als Professor für Theologie. Mit der Veröffentlichung der 95 Thesen am Vorabend von Allerheiligen 1517 erhielt die Reformation ihr Gründungsdatum. Der 31. Oktober ist darum als Reformationstag Feiertag im Lutherland Sachsen-Anhalt. Die 95 Thesen, zunächst zur universitären Disputation gedacht, ziehen schnell weite Kreise. Durch die Erfindung des Buchdrucks und die preiswerte Herstellung und Verbreitung von Flugschriften wie Büchern breiten sich die Ideen der Reformation in Windeseile in ganz Deutschland aus. Der Ruf nach Erneuerung der Kirche an Haupt und Gliedern erschallt bald in vielen deutschen Landen und wird vor allem in den Städten des Reichs vom aufstrebenden Bürgertum aufgegriffen. Über die zahlreichen ausländischen Studenten in Wittenberg dringt der neue Glaube auch schnell über die Grenzen Deutschlands. Von Ungarn bis Finnland, von Dänemark bis Polen findet die Reformation neue begeisterte Anhänger. Missio-

Luther 2017, Plakat an der Leucorea

nare und Prediger tragen den Protestantismus später auf alle Kontinente. Über 400 Millionen Protestanten weltweit und ca. 70 Millionen Lutheraner zählen die Kirchen der Reformation heute an Mitgliedern.
Die Lutherdekade 2008–2017 wird darum in globaler Gemeinschaft und mit ökumenischem Geist gestaltet und gefeiert. So soll der Weg zum Reformationsjubiläum 2017, dem 500. Jahrestag des Thesenanschlags, von diesem neuen Geist, der von Wittenberg aus die Welt veränderte, geprägt sein. Die Reformation hat aber nicht nur die Kirche entscheidend verändert, sondern darüber hinaus viele Lebensbereiche wie Bildung, Musik, Wissenschaft, Recht, Politik, Ökonomie und Diakonie maßgeblich geprägt. Diesen Prägungen liegt vielfach Martin Luthers – in der Bibellektüre gewonnene – Erkenntnis „Von der Freiheit eines Christenmenschen“ zugrunde. Der freie Christenmensch steht aufrecht und ohne Angst, voll Vertrauen auf Gottes Wort vor seinem Schöpfer. Keine Institution und kein Amt können an die Stelle dieses direkten Gesprächs zwischen Gott und Mensch treten. Gleichzeitig steht der freie Christenmensch, indem er Gottes Wort folgt, ganz im Dienst für seinen Mitmenschen. Freiheit und Verantwortung sind zentrale Wegmarken der Reformation. Damit sind die Erben der Reformation aufgerufen, den aufrechten und wahrhaften Gang in der modernen Welt einzuüben. Das schließt die Bereitschaft ein, auch die Knie in Solidarität für den Mitmenschen zu beugen. Freiheit und Verantwortung sind daher nicht alte Hüte der Reformatoren, sondern moderne Leitplanken für gelingendes Leben in einer globalen Gemeinschaft. Wer auf dem Lutherweg wandert oder pilgert, läuft nicht nur historische Lutherorte ab. Der Weg lädt ein, eigene Fragen zu klären wie auch der Theologie der Reformation auf die Spur zu kommen.

Relief an Luthers Geburtshaus

Luthers Theologie lässt sich anhand der vier *soli* der Reformation skizzieren: der neue Glauben gründet sich allein auf Gottes Wort, wie es in der Bibel bezeugt ist – also **sola scriptura** – allein die Schrift. Die Bibel lesen und verstehen zu können wird damit zu einem zentralen Anliegen des Protestantismus. Glaube muss folglich gebildeter Glaube sein. Ein mündiger und freier Christ setzt immer auch Bildungsmöglichkeiten und Bildungsgerechtigkeit voraus. Infolge der Reformation werden insbesondere im ländlichen und kleinstädtischen Raum Schulen für Jungen und Mädchen gegründet. In Eisleben z. B. war der langjährige Luthervertraute Johannes Agricola Leiter der neu gegründeten Lateinschule. In Eisleben entwickelte er auch die erste Schulordnung. Philipp Melanchthon, der vielleicht engste Freund Luthers, gab für diese Bildung eine klare Parole aus: *„Wähle dir vom Besten das Beste aus, und zwar, was zur Kenntnis der Natur und zur Bildung des Charakters beiträgt. Vor allem ist hierbei die griechische Bildung vonnöten, die die gesamte Naturwissenschaft umfasst, um über die Ethik sachkundig und gewandt sprechen zu können.“* Historische Bildungsorte auf dem Lutherweg wie z. B. St. Andreas im Haus der Alten Superintendentur in Eisleben aber auch das Melanchthonhaus in Wittenberg erinnern daran.

Das Melanchthondenkmal in Wittenberg

Fast 500 Jahre später heißt die reformatorische Herausforderung: „Beste Bildung für alle“, ob Migranten- oder Einzelkind, ob mit Behinderungen oder hochbegabt. Bildungschancen können deshalb nicht nach der sozialen Herkunft verteilt werden; überkommene Strukturen dürfen den freien Zugang zur „besten Bildung für alle“ nicht behindern. In Wittenberg wurde eine Vorstellung von Bildung entwickelt, die über spätere Verengungen des Bildungsbegriffs weit hinausreicht. Die Franckeschen Stiftungen in Halle sind lebendige Zeugen dafür, wie dieser Bildungsimpetus auch in folgenden Generationen und protestantischen Reformbewegungen aufgenommen und entwickelt wurde. Der Lutherweg als Bildungsweg regt an, über die modernen Herausforderungen im Bildungsbereich nachzudenken.

Die Tür zur Gutenberger Kirche

Sola gratia – allein aus Gnade – beschreibt den Kern der Rechtfertigungstheologie Luthers. Nicht das Tun guter Werke sichert uns einen Platz im Himmel, sondern allein aus Gnade rechtfertigt Gott den sündigen Menschen. Das heißt nicht, dass man nicht aufgerufen ist, ein gutes Leben zu führen und gute Werke zu tun, Verantwortung für den Mitmenschen und die Mitwelt zu übernehmen. Jedoch kann man bei Gott kein „Gut-haben" anlegen, mit dem wir dann am Ende unsere Schuld begleichen. Erst recht lässt Gott sich nicht auf einen Ablasshandel ein. Luther erkannte, dass der Mensch sich Gottes Gnade nicht erkaufen kann. Sie ist und bleibt ein Geschenk Gottes. Indem Christen an Gott glauben, auf sein Wort hören und ihm vertrauen, schenkt er ihnen seine Gnade. Oder sollte ich hier „Ihnen" schreiben? Die bronzene Thesentür an der Wittenberger Schlosskirche steht symbolisch für diesen Glauben.

Das dritte sola, **sola fide** – allein durch den Glauben – knüpft hier direkt an. Last but not least: **solus christus**. Allein Christus soll die Richtschnur des Lebens sein. Gott schenkt der Welt seinen Sohn Jesus als den Messias und Erlöser. Am Ende nimmt er das Kreuz auf sich. Jesus nimmt stellvertretend für alle Menschen die Schuld auf sich – macht sich freiwillig zum Sündenbock – und stirbt so am Kreuz.

Diese vier soli stehen für den erneuerten Glauben wie für die erneuerte Kirche. Auf dem Lutherweg wird man auf vielfältige Zeugnisse dieses Glaubens und Denkens treffen. In Altarbildern und Taufsteinen, architektonischen Steinzeugen und Museen wird die Theologie der Reformation sichtbar. Der Lutherweg führt mitten durchs Kernland der Reformation, vorbei

Das Lutherdenkmal in Magdeburg

an Kirchbauten und Denkmälern, Pfarrhäusern und Herrenhäusern, in denen die geistige wie geistliche Erneuerung, die im 16. Jahrhundert begann, ihre Spuren hinterlassen hat. Ist es Zufall, dass zwei weitere UNESCO-Weltkulturerbestätten wie das Dessau-Wörlitzer Gartenreich mit seiner revolutionären Gartenkunst und das Bauhaus Dessau mit seiner wegweisenden Architektur- und Formensprache in dieser Region zu Hause sind?

Was wäre die Reformation ohne Luthers Mitstreiter und was wäre ein Lutherweg, ohne Luthers Freunde zu entdecken. Von Agricola in Eisleben war schon die Rede. Der frühe und treue Weggefährte Justus Jonas wirkte u. a. in Wittenberg und Halle. Das neu sanierte Bugenhagenhaus in Wittenberg erinnert an den Reformator des Nordens, Prediger der Stadtkirche und Paten der Lutherkinder Johannes Bugenhagen. Das Wittenberger Haus des weltberühmten Gräzisten, des Diplomaten der Reformation und praeceptor germaniae, Magister Philipp Melanchthon, ist heute Museum. Das reiche Wirken der Cranachschen Malschule illustriert den Lutherweg. Auch wenn in Kemberg sein Altarbild verkohlte, ist die künstlerische Neugestaltung einen Abstecher wert. Des Meisters Wohnhaus wurde jüngst kunstsinnig restauriert. Auch Lebensspuren von Luthers Frau, Katharina von Bora, finden sich auf dem Lutherweg.

Martin Luther reiste viel. Visitationen, Lehrgespräche und Beratungen führten ihn oft zu Fuß oder gelegentlich mit der Kutsche durchs (evangelische) Land. Bei seinen Begegnungen mit den Menschen vor Ort wurde ihm deutlich, dass der christliche Glaube ein präzises und festes Fundament braucht, das jedermann kennt und weiß. So entstand der „Kleine Katechismus“, jene meisterhafte Kurzfassung, nach dem man den christlichen Glauben an fünf Fingern abzählen kann. Dazu gehören: die zehn Gebote, das Glaubensbekenntnis, das Vaterunser, die beiden Sakramente

Taufe und Abendmahl. Im evangelischen Gesangbuch finden Sie den Kleinen Katechismus ausgeführt. Vielleicht erschließen sich Ihnen die Texte auf dem Lutherweg neu.

In der Dölauer Heide

Man kann den Lutherweg als reinen Wanderweg laufen oder als Radtour er*fahren*. Das Mansfeldische Hügelland, die Dübener Heide und die Elbauen laden dazu ein. Man kann sich aber auch auf einen spirituellen Pilgerweg einlassen. Es ist dabei in Erinnerung zu rufen, dass Pilgern keine abrechenbare Leistung bei Gott ist. Wer die Fragen des Lebens im Gepäck, die Impulse der Reformation an der Wegstrecke aufnimmt und die Zukunft des Lebens im Kopf bewegt, wird eine unglaubliche Reise machen. Pilgern ist ein Langstrecken-Gottesdienst. Und bleiben Sie gewahr: beim Pilgern geschieht nie nichts.

Dieser Wanderführer versorgt Sie mit allen nötigen Informationen, Jahreszahlen und Hinweisen. Auf der Homepage der Lutherdekade (www.Luther2017.de) finden Sie Hinweise auf Veranstaltungen in der Region sowie Ansprechpartner und Hintergrundinformationen rund um das Reformationsjubiläum. Nun müssen Sie sich nur noch mit den richtigen Anstößen, der nötigen Zeit und Gelassenheit versorgen. Denken Sie daran: Auch wer unter dem Schirm des Höchsten wandelt, kann gelegentlich nass werden. Lassen Sie sich davon nicht entmutigen, sondern beginnen Sie auf dem Lutherweg eine spannende Reise zur Reformation wie zu sich selbst.

Gesegnete Wege wünscht Ihnen
Ihr

Prälat Stephan Dorgerloh
Beauftragter des Rates der EKD in Wittenberg

Kurzbiografie zu Martin Luther

1483	Als Martin Luder in Eisleben geboren
1484	Umsiedlung der Familie Luder nach Mansfeld
1488	Einschulung in der Mansfelder Stadtschule
1497–1498	Schüler der „Brüder vom gemeinsamen Leben“ in Magdeburg
1498	Luther an der Lateinschule von St. Georg in Eisenach
1501	Beginn des Studiums an der Universität Erfurt. „Martinus ludher ex mansfelt“ in der Matrikel ist das erste urkundliche Datum aus Luthers Leben
1502	Erster akademischer Grad, der Baccalaureus artium
1505	Zweiter akademischer Grad im Februar zum Magister der Freien Künste (Magister artium). Ab 20. Mai Studium der Rechte Nach dem „Sturmerlebnis“ Eintritt am 17. Juli ins Kloster der Augustinereremiten in Erfurt
1507	Priesterweihe und Primiz bei den Augustinereremiten
1508	Luther als Lektor für Philosophie und Theologiestudent in Wittenberg
1509	Promotion zum Baccalaureus biblicus
1510	Vorlesungen in Erfurt, Magister der Theologie. Reise nach Rom, Entsetzen über die „Verweltlichung“ der römischen Kirche
1511	Versetzung nach Wittenberg
1512	Promotion in der Schlosskirche. Subprior des Wittenberger Konvents
1514	Predigtauftrag an der Stadtkirche
1515	Distriktsvikar über zehn Konvente
1517	Thesenanschlag, Beginn der Reformation
1518	Sermon vom Ablass und der Gnade in deutscher Sprache
1519	Leipziger Disputation mit Johannes Eck
1520	Papstbulle, die Luther den Bann androhte und deren Verbrennung durch Martin Luther vor dem Elstertor in Wittenberg
1521	Päpstlicher Bann gegen Luther und Exkommunikation. Nach dem Reichstag zu Worms (Verhängung der Reichsacht durch den Kaiser) als „Junker Jörg“ auf der Wartburg. Übersetzung des Neuen Testaments ins Deutsche
1522	Rückkehr nach Wittenberg
1524	Ablegung der Mönchskutte

1525	Heirat mit der entflohenen Nonne Katharina von Bora Deutscher Bauernkrieg, von dem sich Luther distanzierte
1526	Erster Reichstag in Speyer
1530	Reichstag in Augsburg
1530–1534	Beendigung der Übersetzungsarbeiten am Alten Testament
1546	Letzte Reise nach Eisleben und Tod

Das Reliefporträt Luthers an der Marktkirche in Halle

Praktische Hinweise

Wandern und Radfahren auf dem Lutherweg

Die Kombination eines kulturellen Themas mit Wandern oder Radfahren in der Natur macht über weite Strecken ausgeschilderte Wege so erfolgreich. Fernwanderwege, Radfernwege und Pilgerwege erfreuen sich wachsender Beliebtheit. Der Lutherweg, durch ein grünes „L“ auf weißem Grund gekennzeichnet, ist eine Kombination aus allen dreien. So folgt die Südroute über lange Strecken dem Europäischen Fernwanderweg E 11 und den Radfernwegen Saale-Harz und R 4. Zwar folgt der Lutherweg keinem historischen Pilgerweg, kreuzt aber im Mansfelder Land den Jakobsweg nach Santiago de Compostela, den heute berühmtesten Pilgerweg Europas. Übrigens stammt das Wort Pilger aus vulgärlateinisch *pelegrinus* (*peregrinus*), was so viel wie „Fremder“ bedeutet, die *peregrinatio* ist das „Reisen im Ausland“. Wandern lässt sich also auch als Pilgern bezeichnen, als Reise zu sich selbst und zu Gott, der Pilger als besinnlicher Wanderer. Die Definition des Pilgerwegs, auf dem Gläubige eine Wegstrecke auf einer Wallfahrt zurücklegen, deren Endpunkt meist ein heiliger Ort ist, lässt sich jedoch nicht auf den Lutherweg übertragen. Das Ziel der in diesem Führer beschriebenen Südroute ist vielmehr Wittenberg, die Wiege der Reformation. Zahlreiche Kirchen und einige Klöster am Wegesrand sorgen für christliche Spiritualität. Auf den Spuren des Reformators wird seines Wirkens gedacht.
Der Lutherweg wurde in Vorbereitung auf das 500-jährige Jubiläum des Thesenanschlags als ausgeschilderter Wanderweg durch Sachsen-Anhalt ins Leben gerufen. Er geht auf eine Idee von Wolf von Bila im Jahre 2006 zurück, die 2008 bereits Wirklichkeit wurde. Der engagierte Initiator ließ in Wohlsdorf, am nördlichen Teil des Lutherwegs, eine Pilgerunterkunft einrichten. Die Ausschilderung des Lutherweges wurde durch die Lutherwegs-Gesellschaft, die auch das Logo kreiert hat, vorgenommen. (s. S. 187).
Der überwiegend durch verschiedene Naturräume Sachsen-Anhalts verlaufende Lutherweg ist ca. 410 km lang (Süd- und Nordroute). Die hier beschriebene Südroute führt von Mansfeld über Eisleben, Halle und die Dübener Heide nach Wittenberg (ca. 230 km). Die nördliche Route verläuft von Wittenberg über Dessau und Bernburg. Beide Varianten treffen und trennen sich in Höhnstedt. Wo der Lutherweg beginnt und wo er endet, ist freilich Ansichtssache. Die Ausschilderung gestattet das Erwandern oder das Erfahren in beide Richtungen. Um wenig zu verpassen, werden in diesem Buch auch Abstecher zu sehenswerten Kirchen, Klöstern und Orten beschrieben, die mit der Reformation in Verbindung stehen.

Der Lutherweg bietet viele Vorteile. Deutsche müssen keine Fremdsprachen beherrschen, die Gefahren sind gering, z. B. eines Überfalls oder physischer Art wie gefährliche Höhenwanderwege. Leichte Begehbarkeit zeichnet den Lutherweg aus. Das Leitungswasser ist trinkbar, Apotheke und Krankenhaus sind in Notfällen schnell erreichbar. Mit diesem Führer sind Einkehr- und Übernachtungsmöglichkeiten unterwegs problemlos zu finden.

Auch für Radfahrer ist der Lutherweg geeignet. Auf den vielen Feld- und geteerten Wegen lässt es sich meist problemlos radeln. Zwar sind immer wieder schwierige Abschnitte zurückzulegen, diese werden meist jedoch bald wieder von leichteren Strecken abgelöst. Wenn in diesem Führer von „Wandern" die Rede ist, dann ist darunter in der Regel auch „Radwandern" zu verstehen. Der Transport von Fahrrädern in öffentlichen Verkehrsmitteln ist in Sachsen-Anhalt kostenlos.

Das Wandern oder Radfahren durch weitgehend flaches Gelände, abseits der beliebten Berg- oder Küstenregionen, muss keinesfalls eintönig sein. Wer die Region zwischen Mansfelder Land und Wittenberg für mehrere Tage oder Wochen auf dem Lutherweg erkundet, wird eine Vielzahl neuer Eindrücke gewinnen, die gut aufgenommen und verarbeitet werden können, sowie fernab vom Alltag Besonderes erleben. Auch wer in dieser Gegend heimisch ist, hat nun die Gelegenheit, die eigene Umgebung zu betrachten und neu zu erfahren. Wanderer werden merken, dass das Fußgängertempo dem eigentlichen biologischen Rhythmus des Menschen entspricht. Ab und zu mögen Abschnitte des Lutherwegs lange geradeaus führen und dadurch eintönig erscheinen. Sie lassen sich gut zum Meditieren nutzen. Der Mensch kommt mit sich in Einklang, die Seele kann sich ausruhen bis die Landschaft wieder abwechslungsreicher wird oder die nächste Sehenswürdigkeit auf dem Lutherweg erreicht ist.

Das grüne „L" zeigt, wo es weitergeht. Wer schon längere Zeit dieses Zeichen nicht mehr gesehen hat, sollte sich nicht scheuen, Einheimische nach dem Weg in den nächsten Ort zu fragen. Kommunikation entlang des Lutherwegs trägt zu Wertschätzung, Vertrauen und Austausch bei. Zeit- und Leistungsdruck sind zu vermeiden. Jeder findet bald seinen eigenen Rhythmus und sollte sein Tempo danach ausrichten.

Mit dem Rucksack unterwegs

Besichtigungen erfordern Ruhe. Regelmäßige Pausen unterwegs geben Kraft für den nächsten Abschnitt.

Planung und Vorbereitung

Wer regelmäßiges Wandern oder Radfahren nicht gewöhnt ist, sollte sich für die ersten Tage nicht zu viel vornehmen. Die beschriebenen Etappen sind kein Muss, sondern je nach den individuellen Fähigkeiten variierbar. Dafür sorgen vorgeschlagene Unterkünfte in der Etappenmitte. Wer die ganze oder ein längeres Stück der Südroute abwandern oder mit dem Rad fahren will, kann seine Fitness vorher in einer Tagestour von zu Hause aus erproben. Der Langsame nimmt die Spuren am Weg aufmerksamer wahr. Bei langen Tagesstrecken ist früh aufzubrechen.

Damit der Rucksack nicht zu schwer wird, sollte man nur das Notwendigste einpacken. Unverzichtbar sind ein Minimum an Verpflegung wie Trinkflasche und Imbiss, Schutz vor Sonne (Sonnenhut, Sonnencreme) und Regen (Schirm oder Regenjacke), Waschzeug, Schlafanzug und ein Erste-Hilfe-Päckchen (z. B. Pflaster). Günstig sind ein T-Shirt zum Wechseln und ein Handy für Notfälle und organisatorische Telefonate auf dem Weg (Kirchen, Unterkünfte etc.), das ggf. unterwegs ausgestellt werden kann, um Ruhe und Besinnlichkeit nicht zu gefährden. Auf bequeme Kleidung und gute Wanderschuhe ist zu achten.

Übernachtung und Gastronomie

Da in kleinen Orten am Lutherweg, die noch wenig auf den Tourismus eingestellt sind, Unterkünfte oft knapp sind, ist es ratsam, diese vorher zu buchen, im Idealfall schon Wochen vor der Tour. Sollte alles vergeben sein, besteht ggf. die Möglichkeit, auf den davor oder dahinter liegenden Ort auszuweichen. Das ist aber besser schon im Vorfeld zu klären. Eine Übernachtungsstruktur wie z. B. auf dem Jakobspilgerweg besteht am Lutherweg noch nicht, Herbergen gibt es nur in Städten wie Halle und Wittenberg. Die ungefähren Kosten sind in diesem Reiseführer jeweils gekennzeichnet (s. S. 20), die Unterkunft kurz beschrieben, was eine Vorauswahl erleichtert.

Die Gaststätten sind sehr unterschiedlich. Auf dem Lande ist meist eher Hausmannskost zu erwarten, Ausnahmen bestätigen die Regel. In den Städten herrscht ein vielseitiges Angebot. Öffnungszeiten und Niveau unterliegen ständigen Veränderungen (der Verlag und die Autorin freuen sich über aktuelle Hinweise, s. S. 192). Wer sicher gehen will, informiert sich vorher telefonisch. Gruppen ab zehn Personen sind in der Regel vorher anzumelden, um lange Wartezeiten zu vermeiden.

Zur Benutzung des Reiseführers

Dieser Reiseführer ist sowohl für Wanderer und Radfahrer gedacht, die einen großen Teil oder die gesamte Südroute von Mansfeld über Eisleben und Halle nach Wittenberg erkunden wollen, als auch für diejenigen, die einen kürzeren Ausflug machen. Die hier beschriebene Südroute ist in sechs Abschnitte, diese wiederum sind in 18 Etappen eingeteilt. Jede Etappe entspricht einer Tageswanderung. Geübte Wanderer und Radfahrer werden auch mehrere Etappen pro Tag schaffen. Der einleitende Text vor jedem Abschnitt gibt einen Überblick über die Region und die Verbindung mit Martin Luther. Ergänzend wird jede Etappe kurz beschrieben. Dies erleichtert die Tagesplanung und für diejenigen, die nur einen Tagesausflug unternehmen wollen, die Auswahl.
Der Schwerpunkt bei den Sehenswürdigkeiten liegt bei Luther und den Kirchen am Wegesrand. Zugänglichkeit und Gottesdienste dieser „Nebenstationen" sind in dieser Form bisher noch nirgendwo anders zusammengestellt worden. In der Regel ist es empfehlenswert, sich mehrere Tage im Voraus bei denjenigen, die freundlicherweise die Dorfkirche aufschließen, anzumelden. Oft ist auch eine Führung möglich, Spenden sind willkommen.
Dieser Reiseführer schlägt bisweilen auch Abstecher vom ausgeschilderten Lutherweg vor, wenn sich dies wegen eines Ortes, der von hoher sakraler Bedeutung ist (z. B. die Kirche in Klostermansfeld, Kloster Helfta), mit Luther in Verbindung steht (z. B. Bad Düben) oder wegen einer Übernachtungsmöglichkeit (z. B. der Ochsenkopf in der Dübener Heide) anbietet. Wer sich für diese Abstecher entscheidet, wird mit Hilfe der Wegbeschreibung im Reiseführer wieder sicher auf den ausgeschilderten Lutherweg zurück geleitet. Die Abstecher sind dunkelrot gekennzeichnet und mit einem Pfeil → markiert. Ehemals

Die Kirche in Teicha

selbstständige Orte, z. B. Kienberge (heute zu Lutherstadt Wittenberg gehörig), werden mit ihrem Namen ohne Bezug zur Eingemeindung genannt, außer im Adressteil.
Die Auswahl an Übernachtungs- und Einkehrmöglichkeiten erfolgt nach praktischen Gesichtspunkten, d. h. in der Regel wurde den direkt am Lutherweg gelegenen Vorrang gegeben. Folgende Preiskategorien und Symbole erleichtern eine Vorauswahl:

Übernachtung

Preisniveau pro Doppelzimmer in der Hauptsaison

€€€	über 65 Euro
€€	45 bis 65 Euro
€	unter 45 Euro

Gastronomie

Preisniveau für ein Hauptgericht ohne Getränke

€€€	über 15 Euro
€€	10 bis 15 Euro
€	unter 10 Euro

Jedem Abschnitt ist eine Karte zum Überblick beigefügt. Die Autorin ist weder für den Verlauf der Strecke noch für die Ausschilderung verantwortlich. Das Begehen oder Befahren des Lutherwegs erfolgt auf eigene Gefahr.

An den meisten Hauptstationen liegt ein kostenloses Faltblatt zum Lutherweg aus. Weitere Informationen sind erhältlich über die Lutherweg-Gesellschaft c/o Tourismusverband „Tourismusregion Wittenberg“, Neustraße 13, 06886 Lutherstadt Wittenberg, ✆ (0 34 91) 40 26 10,
E-Mail: info@tourismusregion-wittenberg.de, Internet: www.lutherweg.de, www.tourismusregion-wittenberg.de oder
www.landeskirche-anhalts.de/angebote/veranstaltungen/lutherweg.php

Abschnitt 1: Das Mansfelder Land - Luthers Heimat

Im Mansfelder Land begegnet der Besucher dem großen Reformator auf Schritt und Tritt. Fällt der Name Eisleben, so erscheinen Luthers Geburts- und Sterbehaus, vielleicht auch der Marktplatz mit dem Lutherdenkmal vor dem inneren Auge. Weniger bekannt sind Luthers Heimatstadt Mansfeld, sein Reiseweg nördlich des Süßen Sees und Seeburg, wo er auf dem Schloss weilte und in der Kirche predigte. Das Mansfelder Land hat Luther geprägt und er blieb der Region ein Leben lang verbunden. Um einen Streit der Mansfelder Grafen, seiner Landesherren, zu schlichten, reiste er am Ende seines Lebens trotz angegriffener Gesundheit nach Eisleben und starb in seiner Geburtstadt. Zu seiner Zeit war die Grafschaft Mansfeld in mehrere Grafenlinien geteilt. Die Städte Mansfeld, Eisleben und Hettstedt blieben jedoch gemeinsamer Besitz der Mansfelder Grafen.

Luthers Welt war in seinen frühen Jahren vom Bergbau bestimmt, ohne den das Mansfelder Land kaum denkbar erscheint. Im 16. Jh. hatte der Bergbau wegen des neuen Saigerverfahrens, einem Metallverhüttungsverfahren mit Metallanreicherung, einen Aufschwung erfahren. Daher siedelten sich hier Luthers Eltern an: zunächst in Eisleben, dann in Mansfeld. Viele neue Siedlungen entstanden oder vergrößerten sich. Die Mansfelder Halden bestimmen bis heute das Landschaftsbild.

Bis 1540 wurde die Reformation überall in der Grafschaft Mansfeld eingeführt. Aus vorreformatorischer Zeit übernahm man viele Kirchen, Kapellen und Klöster. Neubauten waren im 16. Jh. kaum notwendig. Erst gegen Mitte des 19. Jh. entstanden durch den Zuzug katholischer Arbeitskräfte in Bergbau und Verhüttung wieder katholische Gemeinden, die auch heute nur eine kleine Minderheit sind.

Das Mansfelder Land bildet einen Teil des Harzvorlandes. Die reizvollen Gegensätze zwischen Hügeln, Halden und Seen, Wiesen und Wäldern, Äckern, Obst- und Weinbau, kleinen Dörfern und Städten ermöglichen immer wieder neue Ansichten.

1. Etappe: Mansfeld (1 km)

Stadtkirche - Lutherbrunnen - Lutherschule - Luthers Elternhaus

In Mansfeld begann Luthers Gang in die Welt. Ein Spaziergang durch die kleine Stadt auf den Spuren Luthers lohnt sich: Luthers Elternhaus, Luthers Heimatkirche, Luthers Schule, der Lutherbrunnen und das Schloss der Mansfelder Grafen oben auf dem Berg. Vierzehn Jahre seiner Kindheit hat der große Reformator hier verbracht (1484–1497). Dabei ist Mansfeld, seit 1996 „Lutherstadt“, nicht von Luthertouristen überlaufen. Zu Unrecht, denn in Mansfeld gibt es einiges zu sehen. Die kleine Stadt und ihr Umland haben Luther wesentlich geprägt.

Zu seiner Zeit war Mansfeld nach Eisleben die zweitwichtigste Stadt der Grafschaft Mansfeld und hatte 2.000–2.500 Einwohner. An der alten Handelsstraße Hamburg-Nürnberg gelegen, besaß Mansfeld schon im 13. Jh. einen guten Ruf wegen seines Kupferschieferbergbaus. Nach Erfindung der neuen Saigertechnik im 15. Jh. wurde es möglich, auch Silber aus dem Kupfererz gewinnbringend zu extrahieren. Die Stadt Mansfeld erlebte einen enormen Zuwachs. Auch Luthers Eltern zog es wegen des aufblühenden Bergbaus hierher. Hans Luder, Luthers Vater, brachte es nach einiger Zeit zu Ansehen und Reichtum. Fünf „Lutherhalden“ sind bekannt: eine östlich von Mansfeld (Hütte bei der Mühle), eine nordöstlich von Großörner (Hütte auf der Wiesen), eine Hütte südöstlich von Vatterode, eine westlich von Wimmelburg am Goldbach (Hütte vor dem Beerbaum bei Kreisfeld) und die Hütte vor dem Rodichen (Rödgen). Ein weiterer wichtiger Erwerbszweig Mansfelds war die Bierbrauerei.

Die heutige Stadt Mansfeld hieß damals „Thal-Mansfeld“ zur Unterscheidung von der Burg auf dem Berg und dem Kloster (Klostermansfeld). Die Ansiedlung war vermutlich Ende des 11. Jh. nach dem ersten Bau der steinernen Burg entstanden. Seit 1408 war der Kernbereich der Stadt von einer Stadtmauer mit sieben Türmen und vier Toren umgeben, so hat es Luther noch gekannt. Thal-Mansfeld besaß ein Berggericht und die Verwaltung des Mansfelder Berges. Jacob, der Bruder Martin Luthers, spielte bei der Einführung der Reformation in Mansfeld eine gewisse Rolle. Unter dem Stadtpastor Martin Seligmann († 1548) und dem Schlossprediger Michael Coelius (1492–1559) fanden die reformatorischen Lehren ihre Verbreitung. Wahrscheinlich wurden 1524 in der Stadtkirche die katholischen Liturgien abgeschafft. Luther reiste am 14.10.1545 nach Mansfeld, um im „Mansfelder Sauhandel“ zu vermitteln (einen Vergleich zwischen den Landesherren herbeizuführen) und wiederum am 17.02.1546 zur Unterzeichnung des Vergleichs, der wegen Luthers Anteil daran häufig als „Luthers Vertrag“ bezeichnet wird.

Heiliger Georg

1 St.-Georg
2 Lutherbrunnen
3 Lutherschule/Stadtinformation
4 Luthers Elternhaus
5 Schloss Mansfeld
6 Pension zum Schloßblick
7 Café zum Wohlsein

1 Die Stadtkirche St. Georg

Der Lutherweg beginnt im Herzen der alten Stadt an der stattlichen spätgotischen Stadtkirche St. Georg auf dem Kirchplatz, deren Baubeginn gegen Ende des 15. Jh. Luther als Knabe miterlebte. Vermutlich war er hier Ministrant. Schon vorher hatte es dort eine Kirche gegeben. Die Mansfelder Grafen hatten 1440 ein Vikariat gestiftet. 1462 wird ein Pfarrer erwähnt. Auch weist der Unterbau des Westturms aus romanischer Zeit (13. Jh.) auf die Vorgängerkirche. 1929/30 wurde ihm ein achteckiges Turmoberteil und die Haube aufgesetzt. Namenspatron ist der heilige Georg, dessen Relief über dem Eingangstor des gegenüber liegenden Rektorats gut erkennbar ist. Im unteren weißen Teil stößt der Ritter Georg dem Drachen den Spieß in den Leib und mit der anderen Hand das Schwert in den Rachen. Um den heiligen Georg ranken sich zwei Legenden. Die eine macht ihn zum Märtyrer des 4. Jh., die andere zum Ritter, der den Drachen tötet, um eine Jungfrau zu retten. Der Drachenkampf entwickelte sich zur verbreitetsten Form der Georgdarstellung. Der heilige Georg war der Kirchenpatron der Grafen von Mansfeld. Nach ihm nannte sich Luther auf der Wartburg „Junker Jörg“ (Jörg = Georg).

Die Bauarbeiten, durch einen Brand 1498 unterbrochen, wurden 1518/20 abgeschlossen. Die einschiffige Kirche besitzt einen dreiseitig geschlos-

Der Lutherbrunnen: „Hindurch zum Sieg"

senen Chor. Über dem Stabswerkportal in der Vorhalle der Nordseite befindet sich ein Relief des heiligen Georg (um 1520). Ihre reiche Ausstattung verdankt sie der wirtschaftlichen Blüte des Kupferbergbaus der Hüttenstadt Mansfeld. Auch Hans Luder gehörte zu den Stiftern. Nach Cyriakus Spangenbergs (1528–1604) Chronik war er maßgeblich an Bau und Ausstattung beteiligt. Am 24.06.1491 ist er erstmals bei einer Altarstiftung erwähnt und wird noch später mehrfach genannt. Drei wertvolle spätgotische Schnitzaltäre sind erhalten. Der Hochaltar (1515–1520) stammt vermutlich aus einer Leipziger Werkstatt. Im Schrein ist die Kreuzigung, an den Flügeln sind acht Heilige und Apostel, in der Predella (Unterbau) die Dornenkrönung Christi, an den Seiten die Heiligen Georg und Mauritius, der Schutzpatron des Erzbistums Magdeburg, zu sehen. Der zweite Altar, das nördliche Altarretabel (1492), zeigt die Marienkrönung sowie rechts und links die zwölf Apostel. Auf einem weiteren Flügelaltar (1510–1520) ist die Anbetung des Jesuskindes durch Maria und Joseph dargestellt, je zwei Heilige zieren die beiden Flügel. Das zu Lebzeiten des Reformators in der Cranach-Werkstatt entstandene, einzige lebensgroße Porträt Martin Luthers (um 1540) war der Kirche 1574 vom Rat der Stadt geschenkt worden. Von Lukas Cranach d. J. stammt das Auferstehungsbild Christi (1545). Aus späterer Zeit datieren die hölzernen Emporen mit Szenen aus dem Neuen Testament (1616/1617). Sehenswert sind auch der spätgotische Taufstein (1520), die Renaissance-Kanzel (1617–1620) und die Grabdenkmäler der Grafen von Mansfeld, darunter das Epitaph des Grafen Johann Georg III. mit seiner Gattin und seiner Schwägerin im südlichen Choranbau. Luther hat in seinen späteren Lebensjahren in der Kirche St. Georg gepredigt, u. a. 1545.

Information: Pfarramt für Mansfeld und Leimbach, Lutherstr. 7, 06343 Mansfeld, ✆ (03 47 82) 2 02 01
Gottesdienste: nach abgeschlossener Renovierung zu erfragen im Pfarramt

→ 2 Abstecher zum Lutherbrunnen

Ein Abstecher führt die Straße hinauf zum Lutherbrunnen. Das 1913 von Paul Juckhoff geschaffene Denkmal wurde zu Luthers 430. Geburtstag eingeweiht und 1995/96 restauriert. Drei Phasen in Luthers Leben werden reliefartig aufgezeigt: zunächst als dreizehnjähriges Kind in „Hinaus in die Welt" (Abschied von Mansfeld), dann als Erwachsener „Hinein in den Kampf" (Thesenanschlag in Wittenberg) und „Hindurch zum Sieg" (Luther vor dem Kaiser in Worms).

3 Lutherschule und Stadtinformation

Links neben der Kirche befindet sich die Lutherschule und in ihr die Stadtinformation. Hier stand die Mansfelder Trivialschule, in die Luther am 12.03.1488 schon mit viereinhalb Jahren eingeschult wurde und die er bis zu seinem 14. Lebensjahr besuchte. Wie damals üblich, wurde der Unterricht streng mit Rutenhieben und anderen Strafen betrieben. Die Gedenktafel wurde 1933 angebracht. In der Stadtinformation ist eine kleine Ausstellung zu sehen.

Information: Stadtinformation Mansfeld, Junghuhnstr. 2, ✆ (03 47 82) 9 03 42, 🖷 9 03 44, Internet: www.mansfeld.eu
Öffnungszeiten: Mo.-Fr. 9-12, 13-15.30 Uhr, Sa./So. nach Anmeldung

4 Luthers Elternhaus

Die Lutherstraße führt steil hinunter zum Elternhaus Luthers linker Hand. Einst war sie die Hauptstraße Mansfelds, an der viele Häuser reicher Hüttenmeister standen. Im Haus Nr. 26 ist heute ein Luthermuseum untergebracht. Die frühere Annahme, dass es sich bei diesem Gebäude lediglich um ein Verwaltungs- und Wirtschaftsgebäude gehandelt habe, das eigentliche Elternhaus (Nr. 25) aber 1805–1807 abgerissen worden sei, wird durch neuere Forschungen nicht bestätigt. Vielmehr besaß die Familie Luther ein ganzes Gehöft von stattlicher Größe, das mehrere Wohn- und Wirtschaftsgebäude umfasste. Das heutige „Lutherhaus" war Teil des Vorderhauses mit separatem Eingang zum Keller. Hans Luder hatte um 1500 sein Haus gegenüber dem Gasthof „Goldener Ring" (nach 1960 abgerissen) erworben und phasenweise erweitert. 1530 wurde Jacob Luder, ein Bruder Martin Luthers, Besitzer des Vaterhauses. Die beiden Brüder verband ihr Leben lang ein herzliches Verhältnis. Jacob bekannte sich früh zur Reformation. Die Inschrift über dem Rundbogen des Portals an der Hofseite mit der Jahreszahl 1530 bezieht sich allerdings vermutlich nicht auf einen Anbau Jacobs, sondern auf den Bauabschluss des Vaters. Das Portal befand sich einst straßenseitig auf der Mittelachse des Vorderhauses und wurde 1836 in den Hofeingang eingefügt. Die heutigen Initialen „J. L." lauteten einst „H. L." (Hans Luder), denn das Portal wurde 1885 von einem Bildhauer überarbeitet und „H" wurde falsch als „J" restauriert. Interessant sind die bei einer Ausgrabung 2003 im Hof geborgenen Funde, die nach der Sanierung des Museums in einer neuen Dauerausstellung gezeigt werden. Reste von Keramik, Textil, Schmuck, Münzen, Tierknochen und Obstkernen deuten auf den gehobenen Lebensstil einer wohlhabenden Familie. Hans Luder zählte zu den Honoratioren der Gemeinde und hatte es zu Wohlstand und Ansehen gebracht. Martin Luther war also keineswegs der Sohn armer Leute, wie er in seinen Tischreden gerne behauptete.

Information: Stadtinformation Mansfeld (s. S. 25)
Öffnungszeiten und Führungen: nach Anfrage bei der Stadtinformation

Übernachtung

€€ Pension zum Schloßblick
Junghuhnstr. 4, 06343 Mansfeld Lutherstadt,
✆ (03 47 82) 9 09 13 oder (01 62) 4 15 16 34,
Internet: www.mansfeld-pension.de
Unterkunft im historischen Predigerhaus, mit Balkon und Schlossblick.

Gastronomie

Café zum Wohlsein
Teichstr. 7, 06343 Mansfeld Lutherstadt,
✆ (03 47 82) 2 10 38
Di.-Sa. 9-18, So. 10-18 Uhr
Kleines Café, auf der Terrasse mit Schlossblick.

2. Etappe: Vom Mansfeld nach Eisleben (17 km)

Mansfeld - Schloss Mansfeld - Klostermansfeld - Benndorf - Helbra - Eisleben, St. Annen

Von Luthers Heimatstadt Mansfeld führt ein lohnender Abstecher vom Lutherweg über Schloss Mansfeld, dem Stammsitz der Grafen von Mansfeld, nach Klostermansfeld. Im 16. Jh. war die Gegend zwischen Schloss und Kloster noch von Kupferschächten durchzogen. Noch heute sind östlich des Mansfelder Schlossberges zahlreiche Pingen, d. h. trichterförmige, durch Einsturz mittelalterlicher Grubenbaue entstandene Vertiefungen zu sehen. Der Schlossberg ist die einzige bewaldete Anhöhe der Etappe. Ab Klostermansfeld führt der Lutherweg in Richtung Süden durch die Dörfer Benndorf und Helbra, deren Bevölkerung durch den Bergbau stark angewachsen war. Anschließend geht es über Feldwege in die Eisleber Neustadt, einer von Graf Albrecht IV. (um 1480–1560) von Mansfeld-Hinterort im 16. Jh. gegründeten neuen Siedlung für Berg- und Hüttenarbeiter. Dort fanden die Ideen der Reformation schnell Zuspruch.

Unten an der Teichstraße geht es geradeaus (rechts führt ein → Abstecher zu den Schildern „Silberhütte und Faktorei Mansfeld", „Oberhütte Mansfeld (Lutherhütte)" und „Wassergrabensystem" sowie dem Café zum Wohlsein) und an der Flutgrabenstraße rechts. Der ausgeschilderte Lutherweg führt geradeaus weiter und geht nach einer Weile in einen Radweg über. Der untere Talbach floss früher hier vorbei und speiste zusammen mit dem Flutgraben die Hütten am Fuße des Schlossbergs.

→ Abstecher zum Schloss Mansfeld

An der Flutgrabenstraße gleich wieder links bietet sich den steilen Weg hinauf ein Abstecher zum Schloss an. Dazu ist der Ausschilderung zu folgen. Schon die herrliche Aussicht allein lohnt den Aufstieg zum Schloss. Von der Bastion Mine bietet sich ein hervorragender Blick in die weite Landschaft.

Die Burg und das spätere Schloss Mansfeld waren der Stammsitz der Grafen von Mansfeld, zu denen Luther stets Kontakt hielt und die er hier oft aufsuchte. Zu Luthers Zeiten gehörte es zu den mäch-

Eingang zum Schloss Mansfeld

2. ETAPPE

tigsten Burganlagen in Deutschland und ist heute noch eines der größten Renaissanceschlösser Mitteldeutschlands. Heute ist hier die Christliche Jugendbildungs- und Begegnungsstätte „Schloss Mansfeld" untergebracht. Die Anlage besteht aus drei Schlössern: Schloss Vorderort, Schloss Mittelort und Schloss Hinterort. Bereits 1420 hatte es erste Teilungen in der Familie der Mansfelder Grafen gegeben. Ende des 15. Jh. bildeten sich die Linien Vorderort (die Brüder Ernst II., Günter III. und Hoyer IV.) und Mittelort (Gebhard VII.) heraus. 1501 kam die Linie Hinterort (Albrecht IV.) noch dazu. Die Grafschaft Mansfeld war hiermit in fünf Teile gespalten. Die mittelalterlichen Reste der Vorgängerburg (vermutlich 11. Jh.) wurden Anfang des 16. Jh. abgetragen und die drei Schlossanlagen neu erbaut. 1525 bekannten sich der mittelortische Graf Gebhard VII. und der hinterortische Graf Albrecht IV. zur Reformation, während die vorderortischen Grafen dem alten Glauben treu blieben, was sich erst 1540 mit dem Tode Graf Hoyers VI. änderte. 1543 schickte die Gräfin Dorothea, Gattin von Ernst II. von Mansfeld-Vorderort Luther selbstgefertigte Arzneien zur „Stirgkung des leibes", denn Luther war zu dieser Zeit bereits schwer krank. 1780 starb das Grafengeschlecht aus.

Heute ist im Wesentlichen Schloss Vorderort erhalten, das 1509–1518 ausgebaut und 1860–1862 neugotisch überbaut wurde. Beim Hineingehen ist die Westseite mit dem neugotischen, von Strebepfeilern umstellten Treppenturm zu sehen. Man beachte die Portale mit der Darstellung des Weingottes sowie der Landsknechte. Der Schlossbrunnen ist 70 m tief.

Bei seinen Besuchen predigte Luther auch in der Schlosskirche zu den Mansfelder Grafen. Der einschiffige spätgotische Bau (15. Jh.) gehört mit seiner reichen Ausstattung zu den bedeutendsten deutschen gotischen Schlosskirchen. Besondere Beachtung verdienen der gemalte spätgotische Flügelaltar aus der Cranach-Werkstatt (um 1520), der Taufstein (1522), zwei Sakramentshäuser (1438 und 1537) und das Epitaph für den Grafen Günther († 1526), ein Beispiel mitteldeutscher Frührenaissanceplastik. Links neben der Kirche sind die Ruinen von Schloss Mittelort und Hinterort zu sehen.

Information und Übernachtung:
€ Christliche Jugendbildungs- und Begegnungsstätte „Schloss Mansfeld", Schloss 1, 06343 Mansfeld, ✆ (03 47 82) 2 02 01,
Internet: www.schloss-mansfeld.de, 26 Gästezimmer mit 1-6 Betten, acht Aufenthalts- und Tagungsräume, Café für Hausgäste.
Öffnungszeiten: tägl. 8-18 Uhr
Führungen: Juli-Sept. Sa. 14 Uhr

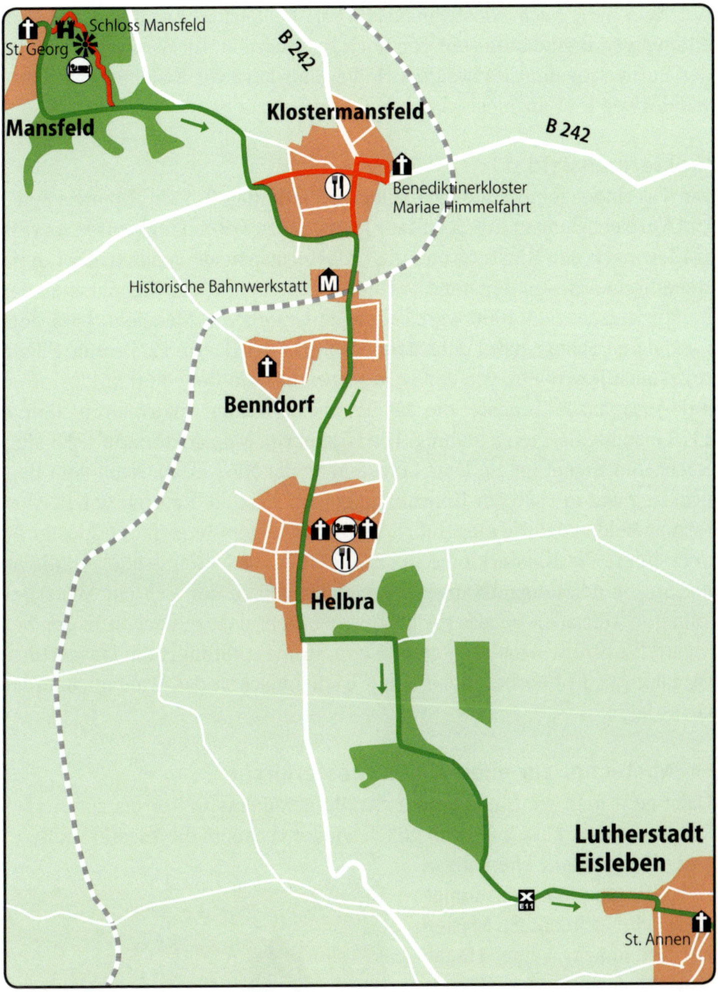

Ab dem Schloss geht es vom Ausgang aus gesehen rechts nach Süden (von Mansfeld weg), immer geradeaus, bis man auf einen Radweg stößt und dort nach links.

Der Lutherweg ist nun für einige Zeit mit dem Radfernweg Saale-Harz identisch, der dem Verlauf der ehemaligen elektrischen Kleinbahn folgt.

Auf dem Weg nach Klostermansfeld ist die leichte Erhöhung auf dem ehemaligen Bahndamm zum Teil noch zu erkennen. Im Wesentlichen folgt der Lutherweg dem Radweg bis Helbra, der kurz vor Eisleben vom Fernwanderweg E 11 abgelöst wird.

Klostermansfeld

Der Ort findet seine erste urkundliche Erwähnung 973 als „Mannes-Felt". Um Verwechslungen mit der Stadt Mansfeld zu vermeiden, wurde er einige Zeit nach der Klostergründung „Klostermansfeld" genannt. Das erste Benediktinerkloster entstand vermutlich im 11. Jh. als Eigenkloster der Landesherren. Seit 1060 waren dies die Grafen von Mansfeld. Laut dem Chronisten Spangenberg unternahm Albrecht der Bär im 12. Jh. eine Pilgerreise nach Jerusalem, von der er Mönche aus dem Benediktinerkloster im Tale Josaphat mitbrachte, die das heimische Kloster reformieren sollten. 1170 erfolgte die Neugründung. Die Grafen von Mansfeld traten 1328 alles Recht und Eigentum am Dorf Mansfeld an das Kloster ab. Nach dem Bauernkrieg wurde 1526 der Konvent aufgelöst, 1554 die Reformation in Klostermansfeld endgültig eingeführt. Vom ehemaligen Benediktinerkloster ist noch heute die Klosterkirche in großen Teilen erhalten geblieben, die an die Straße der Romanik angeschlossen ist und zu der sich ein Abstecher anbietet. Der ausgeschilderte Lutherweg biegt dagegen schon in der Siebigeröder Straße nach rechts ab (Neue Straße) und führt am Wasserturm (Anfang 20. Jh.) vorbei, der für die Einheimischen das Wahrzeichen des Ortes ist.

→ Abstecher zur ehemaligen Klosterkirche

Dazu geht man die Siebigeröder Straße geradeaus weiter bis zur Ampelkreuzung, dort kurz links und gleich wieder rechts in die Klosterstraße. Der Turm der ehemaligen Klosterkirche Mariae Himmelfahrt oder schlicht St. Marien ist romanisch, seine Haube eine Ergänzung der Barockzeit. Die dreischiffige Basilika entstand um 1170. Innen beeindruckt das schlicht gehaltene Langhaus. Die Säulen werden von einfachen Würfelkapitellen abgeschlossen, von denen nur eines mit Palmet-

Die ehemalige Klosterkirche

ten und Eckmasken im Stile der Quedlinburger Stiftskirche verziert ist. Im 15. Jh. wurde der Chor im spätgotischen Stil vergrößert und die Apsis abgebrochen. Vor dem Spitzbogenfenster steht ein spätgotisches Retabel mit Darstellungen der Mariensegnung und Heiligen (um 1480/90). Der Taufstein von 1582 zeigt die vier Evangelisten Marcus, Matthäus, Johannes und Lucas mit Büchern und Flügeln. Beachtenswert sind auch die figürlichen barocken Grabsteine aus dem 16./17. Jh.

Information: Evangelische Kirchengemeinde Klostermansfeld, Pfarramt Klostermansfeld, Kirchstr. 2, 06308 Klostermansfeld,
✆ (03 47 72) 2 52 50, Internet: www.ev-kloster-kirche.de
Öffnungszeiten und Führungen: nach Absprache
Gottesdienst: So. 9.30 Uhr

Die Kirchstraße führt von der Klosterstraße aus gesehen rechts zur Thondorfer Straße, dort ist rechts abzubiegen und an der Ampelkreuzung wieder links. Nach einiger Zeit stößt der ausgeschilderte Lutherweg wieder von rechts dazu.

Gastronomie

€ **Am Park**
Siebigeröderstr. 3, 06308 Klostermansfeld, ✆ (03 47 72) 8 31 30
tägl. ab 11 Uhr
Das schlicht eingerichtete Restaurant im Seniorenheim bietet eine gute Auswahl schmackhafter Speisen.

Benndorf

Gleich nach dem Bahnhof Klostermansfeld beginnt Benndorf, geteilt durch die Nord-Südstraße: östlich die ehemalige Bergarbeitersiedlung, westlich der alte Dorfkern in dreieckiger Form, im 16. Jh. noch ein ansehnlicher Ort, im Mittelalter Sitz eines gleichnamigen Adels-

Am Bahnmuseum

2. ETAPPE

geschlechts. Dort ist abseits des Lutherwegs auch die schlichte, klassizistische Dorfkirche St. Katharina (im 19. Jh. neu erbaut) zu finden. Das steinerne Taufbecken von 1517 ist mit dem der Helbraer Kirche St. Stephan identisch (s. u.). Benndorf war daher vermutlich schon zu Luthers Zeiten Filialdorf der Pfarre Helbra. Heute ist es wegen der historischen Bahnwerkstatt bekannt.
In Benndorf kreuzt der Jakobsweg von Hettstedt nach Eisleben den Lutherweg. Dieser durch eine gelbe Muschel auf blauem Grund gekennzeichnete Ökumenische Pilgerweg führt weiter in Richtung Südwesten über Tausende von Kilometern nach Santiago de Compostela.

Helbra

Helbra gehört zu den ältesten Siedlungen im Mansfelder Land. Urkundlich erwähnt ist das Dorf erstmals 1155. Hier gab es früher ein Freigut mit Klosterhof, das dem Kloster Helfta (s. S. 46 ff.) gehörte. Schon zu Luthers Zeiten war Helbra ein Bergbauort, zählte damals mindestens 400 Einwohner und erfuhr besonders im 19. und 20. Jh. durch weitere zugezogene Bergarbeiter eine enorme Steigerung seiner Einwohnerzahl. Daraufhin wurde noch eine katholische Kirche gebaut, gleich neben der evangelischen.

Die Tür von St. Stephan

Die evangelische Kirche St. Stephan, romanischen Ursprungs mit spätgotischem Kirchenschiff, wurde im 18. Jh. barock erneuert. Das von Halberstadt übernommene Patrozinium deutet auf die frühe Christianisierung Helbras. Seit 1230 werden Pfarrer erwähnt. Neben dem mächtigen Turm, der wohl der älteste Teil der Kirche sein dürfte, ist auch die Eingangstür mit kunstvoll gestalteten Eisenbeschlägen zu beachten. Der noch zur Erstausstattung der Kirche gehörende Taufstein (vgl. Benndorf) stammt von 1512, der spätgotische Flügelaltar von ca. 1480/90.

Information: Evangelisches Pfarramt, Kirchstr. 4, 06311 Helbra,
✆ (03 47 72) 274 49
Öffnungszeiten: zum Gottesdienst
Gottesdienst: unregelmäßig, Informationen beim Pfarramt

Die katholische Kirche St. Barbara, wurde 1911/12 als Ersatz für eine provisorische Holzkirche der Mansfeld AG errichtet. An den Seiten befinden sich neoromanische Rundbogenfenster. Die Legende berichtet von einer Märtyrerin Barbara, Patronin des Bergbaus, die wegen ihres christlichen Glaubens durch ihres Vaters Hand starb. Dieser wurde zur Strafe vom Blitz erschlagen.

Information: Katholisches Pfarramt, Pestalozzistr. 29, 06311 Helbra, ✆ (03 47 72) 273 98, 🖷 83 91 10
Öffnungszeiten und Gottesdienst: So. 9 Uhr

Übernachtung und Gastronomie

€€ **Hotel Zum Rautenkranz**
Pestalozzistr. 13, 06311 Helbra, ✆ (03 47 72) 272 55, Internet: www.rautenkranz-helbra.de
Gepflegtes Hotel mit rustikaler Atmosphäre. Feine bürgerliche Küche. Zwischen den beiden Kirchen gelegen.

€-€€ **Gaststätte Zum Rautenkranz**
Mo.-Do. 16.30-22, Fr. 11.30-14, 16-23, Sa. 11-1, So. 11-15 Uhr. Mo.-Do. Mittagstisch auf Anfrage.

Die katholische Kirche St. Barbara

Der Lutherweg verläuft zum Teil auf dem Fernwanderweg E11

Helbra wird am Bergwerksgelände verlassen. Der Weg schwenkt nach einer Weile nach rechts. In der Ferne werden Spitzkegelhalden sichtbar. Wo vor einer großen Halde ein deutlicher Weg von rechts kommt, geht es links nach Eisleben. Der Lutherweg folgt nun für längere Zeit dem Fernwanderweg E 11, der über ca. 2.070 km von Den Haag an der Nordsee bis zu den Masuren in Polen führt. Die Etappe endet in der Eisleber Neustadt mit seiner Kirche St. Annen.

Eisleben, St. Annen

St. Anna ist die Patronin des Bergbaus. Das Gotteshaus liegt in der Eisleber Neustadt, einer von Graf Albrecht IV. von Mansfeld-Hinterort 1511 gegründeten neuen Siedlung für Berg- und Hüttenarbeiter. Hier fanden die Ideen der Reformation schnell Zuspruch. St. Annen, 1513 gegründet und damit die erste lutherische Kirche des Mansfelder Landes, gehört zu den wenigen Kirchenneubauten des 16. Jh. 1523 folgte hier die Einrichtung der ersten evangelischen Schule des Mansfelder Landes. Neben der Pfarrkirche fällt das Pfarrhaus mit seinen fünf Fachwerkgiebeln ins Auge, das ehemalige Augustinereremitenkloster, das 1515 mit der Kirche verbunden wurde. Martin Luther hielt sich hier als Priester und Distriktvikar des Ordens mehrfach auf. Der Klosterkonvent wurde 1522/23 infolge der Reformation aufgelöst. Der Prior Caspar Güttel (1471–1542) zählte zu Luthers

In der Kirche St. Annen

ältesten Freunden. Er hatte sich bei der Einführung der Reformation in Eisleben und im Mansfelder Land so hohe Verdienste erworben, dass ihn Luther als „Reformator des Mansfelder Landes" bezeichnete. Bereits 1518 hatte Güttel in der Fastenzeit in St. Annen im Sinne Luthers gepredigt. Ab diesem Zeitpunkt ergriff die Reformation Eisleben. 1611–1613 war hier Martin Rinckart, der Dichter des Liedes „Nun danket alle Gott" und mehrerer „Lutherdramen", als Diakon tätig.

Das Pfarrhaus mit St. Annen

Der einschiffige Bau der Spätgotik und Renaissance entstand mit langen Unterbrechungen. 1514–1516 wurden Chor und Sakristei mit Grafenstuhl erbaut und eingeweiht. Erst 1585–1608 folgte die Vollendung: 1585/86 das Langhaus, 1590 der einfache Turm, 1608 die reich bemalte Holzkassettendecke und die Kanzel mit figurenreichen Stuckreliefs. Besonders bemerkenswert sind ferner die in Europa einmalige Steinbilderbibel (1585) aus 29 Sandsteinrelieftafeln, der Wappenstammbaum der Grafen von Mansfeld-Hinterort im Chor, die Grabkapelle der Mansfelder Grafen (1588), der spätgotische Schnitzaltar (um 1510) mit Triumphkreuz und die Glasmalereien der Frührenaissance an den südlichen Langhausfenstern (1514–1519).

Information: Kirchgemeinde St. Annen, Annenkirchplatz 2, 06295 Lutherstadt Eisleben, ✆ (03475) 604115, 🖷 612345, Internet: www.st-annen-eisleben.de

Öffnungszeiten: Mai–Okt., Mo.–Sa. 14–16, So. ab 11.30 Uhr, Nov.–Apr. nach Anmeldung. Außerhalb der Öffnungszeiten ist es möglich, bei Meinhold (Annenkirchplatz 2) oder Niebuhr (Annenkirchplatz 3) zu klingeln.

Führungen: 20–50 min nach Anmeldung (s. o.)

Gottesdienst: So. 10.30 Uhr

3. Etappe: Eisleben (2 km)

Marktkirche St. Andreas - Altes Luthergymnasium - Luthers „Sterbehaus" - Markt - St. Petri-Pauli - Luthers Geburtshaus- Stadtgottesacker

Das 994 erstmals als „Islevo" urkundlich erwähnte Eisleben war zur Lutherzeit mit 7.000–8.000 Einwohnern die größte Stadt der Grafschaft Mansfeld, an der Kreuzung zweier Fernhandelsstraßen gelegen. Seine Märkte bildeten den wirtschaftlichen Mittelpunkt der Grafschaft. Jedes Stadtviertel hatte im Mittelalter seine eigene Kirche: St. Andreas im Zentrum, St. Nicolai im Norden (damalige Friesenvorstadt) und St. Petri im Süden. Im 16. Jh. kam noch St. Annen in der Neustadt hinzu. In den 1520er und 1530er Jahren wurden mehrere Vorstädte in die Stadtummauerung einbezogen. Das Zisterzienserinnenkloster der Grafen von Mansfeld hatte 1229 seinen Sitz von Helfta nach Eisleben verlegt und nannte sich „Neu-Helfta". Nach der Zerstörung 1525 wurde die Grablege der Grafen von Mansfeld in die Kirche St. Andreas verlegt.

Inschrift an Luthers Taufkirche

Die Kupferschiefervorkommen im Mansfelder Land boten neue Chancen. So kamen 1483 die Eltern Martin Luthers, Hans Luder und seine Ehefrau Margaretha, aus Thüringen auf Anraten des Berghüttenmeisters Antonius Lindemann, einem Verwandten von Margaretha, nach Eisleben. Dort wurde Martin Luther am 10. November in einem einfachen Fachwerkhaus in der Langen Gasse geboren. Die Stadt war allerdings nur eine vorübergehende Station, denn schon wenige Monate später zog die Familie nach Mansfeld.

1498 verwüstete ein großer Stadtbrand Eisleben und alle Kirchen wurden umgebaut. In Eisleben setzte sich die Reformation schnell durch. Ab 1525 wurde in allen Kirchen evangelischer Gottesdienst gehalten. Martin Luther starb am 18. Februar 1546 in der Stadt. 1996 wurden sein Geburts- und sein „Sterbehaus" in die Liste des Weltkulturerbes der UNESCO aufgenommen.

Vorbei am Knappenbrunnen, dessen acht Bronzen des Bildhauers Wolfgang Dreysse die Mansfelder Bergparade zeigen, geht es weiter zur Kirche St. Andreas, in der 1546 Martin Luther seine letzten Predigten hielt.

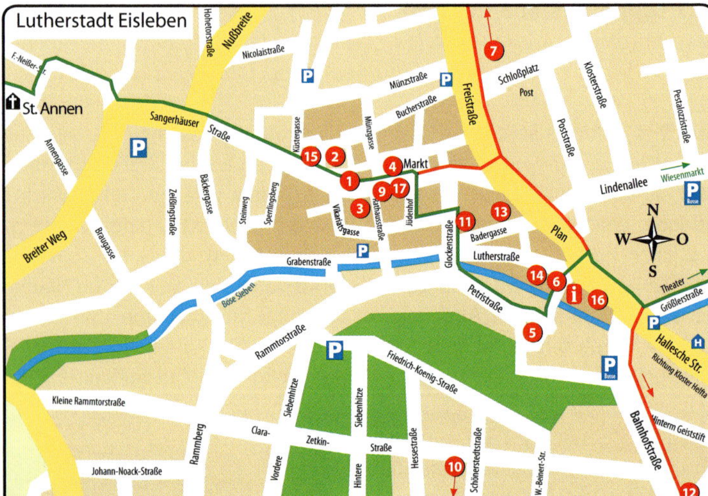

1 St. Andreas
2 Altes Luthergymnasium
3 Luthers „Sterbehaus“
4 Markt
5 St. Petri-Pauli
6 Luthers Geburtshaus
7 Stattgottesacker
8 Kloster Helfta
9 Graf von Mansfeld
10 Deckert's
11 Alter Simpel
12 Park-Hotel
13 Bader
14 Lutherschenke
15 Virginia
16 Altes Wirtshaus
17 Luthers Süßes Stübchen

1 Marktkirche St. Andreas

Die spätgotische dreischiffige Hallenkirche am Andreaskirchplatz wurde im Mittelalter Sitz des Archidiakons und damit Hauptkirche Eislebens. Sie bewahrte diese Stellung auch während und nach der Reformation. Nach dem Stadtbrand von 1498 wurde sie neu aufgebaut. Bekannt als Luthers letzte Predigtstätte, gibt es in der Pfarrkirche mit ihrem großen Nordturm viel zu entdecken. Besonders erwähnenswert ist die

Der Knappenbrunnen

3. ETAPPE

St. Andreas

spätgotische Lutherkanzel (Anfang 16. Jh.), von der Luther zwischen dem 31.01. und dem 15.02.1546 seine letzten vier Predigten hielt. 1877 und 1911 wurde sie restauriert, neu bemalt und der Fries ergänzt und restauriert. Der Kanzelbehang mit kunstvoller Stickerei ist in einer Vitrine zu sehen.
Nach seinem Tode wurde am 19.02.1546 der Leichnam Luthers im Altarraum aufgebahrt. Justus Jonas (s. S. 75) hielt die Trauerpredigt. Am selben Tag setzte sich der Trauerzug nach Wittenberg in Bewegung. In der Kirche erinnern Büsten von Luther und Melanchthon (Johann Gottfried Schadow 1817) an die Reformation. Die Kirchenbibliothek bewahrt eine fast vollständige Sammlung Lutherscher Erstdrucke. Zur Zeit der Reformation besaß die Kirche vierzehn Altäre. Erhalten ist der eindrucksvolle Marienaltar, der im Schrein die Marienkrönung zeigt (um 1500). Beeindruckend ist die Grablege der Mansfelder Grafen, besonders die Tumba des Grafen Hoyer VI. von Mansfeld-Vorderort (nach 1615), ein Höhepunkt mitteldeutscher Renaissanceplastik. Hoyer VI. blieb bis zu seinem Tode 1540 ein Gegner Luthers und der Reformation. Das Grabmal stand einst in der Kirchenmitte, zu Füßen Luthers während seiner letzten Predigten.

Information: Gemeindebüro der Kirchengemeinde St. Andreas - Nicolai - Petri, Petrikirchplatz 22, 06295 Lutherstadt Eisleben, © (03475) 602229, Internet: www.ev-kirche-eisleben-anp.de/andreas.htm
Öffnungszeiten: Mai-Okt. Mo.-Sa. 10-12, 14-16, So. 11-13, 14-16 Uhr, Nov.-Apr. nach Anmeldung
Führungen: 20-30 min (auf Spendenbasis) nach Absprache mit der Aufsicht.
Gottesdienst: im Wechsel mit St. Petri So. 10 Uhr

2 Altes Luthergymnasium

Martin Luther erwirkte am 16.02.1546 die Gründung einer „führnehmen lateinischen Schule“. Zwei Tage später starb er. Die Schule wird als sein Vermächtnis angesehen. Schulleiter war Luthers Schüler und Freund Johann Agricola (*1494 in Eisleben, †1566 in Berlin). 1601 ausgebrannt, wurde sie 1602–1604 neu errichtet. Berühmte Schüler waren 1783–1790

Der Marienaltar

Tafel an Luthers „Sterbehaus"

Friedrich Koenig, Erfinder der Buchdruck-Schnellpresse, und 1790 Friedrich Freiherr von Hardenberg (Novalis), ein bedeutender Dichter der Frühromantik. Heute ist hier das Stadtarchiv untergebracht.

3 Luthers „Sterbehaus"

Luther nahm vom 29.01.1546 bis zu seinem Tode in Eisleben Quartier. Gekommen war er, um einen Streit der Landesherren zu schlichten. Da er zeitlebens seiner Heimat und den Mansfelder Grafen stark verbunden geblieben war, nahm er diese Fahrt trotz seiner angegriffenen Gesundheit auf sich. Bald nach der Vertragsunterzeichnung starb er in der Nacht zum 18.02.1546. Luther hatte seinen Tod wohl schon geahnt, denn in einem Brief an seine Frau schrieb er, dass er wohl in Eisleben bleiben würde. Luther meinte in Bezug auf das Sterben, dass es umso einfacher sei, je besser man sich darauf vorbereitet habe und auf Gottes Gnade vertraue. Damit schließt sich der Kreis: Luthers Geburtsstadt wurde auch zu seiner Sterbestadt. Nach neueren Forschungen starb Luther wohl nicht im spätgotischen Patrizierwohnhaus (um 1500) gegenüber der Andreaskirche, das wir als „Sterbehaus" kennen, sondern dort, wo sich etwas weiter unten am Markt heute das Hotel Graf Mansfeld befindet. Das Museum lohnt aber unbedingt einen Besuch. Zu sehen sind u. a. das originale Bahrtuch über Luthers Sarg, aus Mansfelder Silber hergestellte Utensilien für das Abendmahl, ein Gemälde, das Luther wenige Tage vor seinem Tod bei der Amtseinsetzung zweier Pfarrer in der Kirche

Das Lutherdenkmal auf dem Marktplatz

3. ETAPPE

St. Andreas zeigt und eine Ausstellung zur Geschichte der Reformation im Mansfelder Land.

Information: Team „Luthers Sterbehaus", Ansprechpartnerin: Ingrid Babatz, Andreaskirchplatz 7, 06295 Lutherstadt Eisleben, ✆ (03475) 602285, 🖷 60 22 85, Internet: www.martinluther.de
Öffnungszeiten: Apr.-Okt. tägl. 10-18, Nov.-März Di.-So. 10-17 Uhr
Führungen: nach Anmeldung

4 Der Markt mit Lutherdenkmal

Luther übersetzt die Bibel, Detail des Lutherdenkmals

Martin Luther wird den Eisleber Markt wohl in ähnlicher Anlage gekannt haben, wie er sich heute noch zeigt, denn sein rechteckiger Grundriss ist seit dem 12./13. Jh. erhalten geblieben. Anstelle der heutigen, zumeist im 17. Jh. erbauten Bürgerhäuser standen bereits im Mittelalter Bauten, die den Markt umsäumten. Aus der Reformationszeit stammen das spätgotische Rathaus an der Westseite (1519–1530), an der Nordseite eine überdachte Renaissancefreitreppe (1532) und links daneben ein Köpfchen. Der sogenannte „Knoblauchskönig" könnte noch auf den Vorgängerbau vor dem Stadtbrand 1498 zurückgehen.
In der Mitte des Platzes steht das 5,6 m hohe Lutherdenkmal von Rudolf Siemering (1835–1905), 1883 zum 400. Geburtstag des Reformators eingeweiht. Luther wirft hier mit der rechten Hand die päpstliche Bulle ins Feuer, mit der linken hält er die Bibel. Die vier Bronzereliefs zeigen Szenen aus seinem Leben: Luther und seine Familie, Luther 1521 bei der Bibelübersetzung auf der Wartburg, bei der Disputation 1519 mit Johannes Eck (1486–1543) in Leipzig und den Sieg der Reformation, dargestellt durch einen sich windenden Teufel unter dem von einem Engel gehaltenen Lutherwappen.

5 St. Petri-Pauli

Die Taufe war für Luther von großer Bedeutung: „Im übrigen bin ich in Eisleben geboren und in St. Peter getauft". Damals fand die Taufe innerhalb der ersten acht Tage nach der Geburt statt. So wurde auch Martin Luther schon einen Tag nach seiner Geburt am 11. November 1483 ge-

tauft. Üblich waren zu Luthers Zeiten acht Gevatter (Paten). Vermutlich war einer davon Antonius Lindemann (s. S. 37).
Die urkundlich 1333 erstmals erwähnte Kirche war zunächst nur St. Petrus geweiht. Der jetzige dreischiffige spätgotische Bau stammt von 1486–1513. Innen verdient der spätgotische Flügelaltar im Chor (nach 1500) besondere Aufmerksamkeit. Im Schrein sind die heilige Anna, Maria und das Jesuskind sowie Elisabeth von Thüringen (1207–1231) und Maria Magdalena zu sehen. In der Turmkapelle befindet sich ein spätgotischer Schnitzaltar mit weiteren Heiligen.

Information: Gemeindebüro der Kirchengemeinde St. Andreas - Nicolai - Petri, Petrikirchplatz 22, 06295 Lutherstadt Eisleben, ✆ (03475) 602229, Internet: www.ev-kirche-eisleben-anp.de/andreas.htm
Öffnungszeiten und Führungen: Mai-Okt. Mo.-Sa. 10-16, So. 11-16 Uhr, Nov.-Apr. nach Anmeldung
Führungen: nach Anmeldung
Gottesdienst: im Wechsel im St. Andreas So. 10 Uhr

6 Luthers Geburtshaus

Ein Brand zerstörte 1689 Luthers Geburtshaus. Der Neubau wurde 1693 als Gedenkstätte feierlich eröffnet und ist damit wohl der früheste Beleg für ein Museum dieser Art im deutschen Sprachraum. Im Erdgeschoss richtete man eine Schule ein, in der bis zu 100 Kinder unterrichtet wurden. 1817 erhielt die „Lutherarmenfreischule" zum 300. Jahrestag der

Luthers Geburtshaus

Luthers Taufkirche

Reformation ein eigenes Haus gegenüber. Nach Ausgrabungen 2005 und 2006 wurde das Museum umfassend restauriert und durch einen Neubau erweitert. Die 2007 eröffnete neue Ausstellung „Von daher bin ich – Martin Luther und Eisleben“ bietet anhand von ca. 250 Exponaten einen ausgezeichneten Überblick über die gesellschaftlichen Verhältnisse, die Luthers Kindheit und Jugend prägten. Themen in den rund 15 Ausstellungsräumen sind die Stadt Eisleben, Luthers Eltern, deren Familien, die Grafen von Mansfeld, die Lutherarmenschule, der Bergbau, Frömmigkeit und Spiritualität im Mittelalter, der Stadtgottesacker mit Gedächtnisbildern, Luthers Taufe, die Geschichte des Geburtshauses und der berühmte versilberte Schwan aus Lindenholz. Der Reformator Jan Hus sagte 1415 bei seiner Hinrichtung: Heute verbrennt ihr eine Gans, aber nach mir kommt ein Schwan, den könnt ihr nicht verbrennen (tschech. *husa* heißt „Gans“). Luther ist nun in Gestalt der allegorischen Figur des Schwans dargestellt. Im älteren Teil ist die Wohnung der Familie Luder nachempfunden. Eine Kammer hat Luthers Geburt zum Thema.
In der Ausstellung werden auch Exponate des ehemaligen Heimatmuseums gezeigt. Von regionalem Interesse ist z.B das Tympanon des 1525 zerstörten Benediktinerinnenklosters Holzzelle südöstlich von Eisleben.

Information: Team „Geburtshaus“, Ansprechpartnerin: Heiderose Peter, Lutherstr. 15, 06295 Lutherstadt Eisleben, ✆ (03475) 7147814, 🖷 7147813, Internet: www.martinluther.de
Öffnungszeiten: Apr.-Okt. tägl. 10-18, Nov.-März Di.-So. 10-17 Uhr
Führungen: nach Anmeldung

Der ausgeschilderte Lutherweg führt später über den Landwehr aus Eisleben heraus. Geht man vom Markt aus entlang der Freistraße (Hauptstraße) noch ein Stück weiter in Richtung Norden, so bietet sich ein Abstecher zum Stadtgottesacker (Alter Friedhof) an.

→ 7 Abstecher zum Stadtgottesacker (Alter Friedhof)

Auf Luthers Empfehlung wurde im 16. Jh. ein Friedhof außerhalb der Stadtmauern erbaut. Luther hatte bereits zwei Brüder in Mansfeld durch die Pest verloren. 1533 wurde der nach italienischem Vorbild gestaltete Camposanto eingeweiht (vgl. den Stadtgottesacker in Halle). Gedacht war er für die bedeutendsten Familien Eislebens. Die bisher weitgehend unsanierte Gruftanlage wurde 1994 mit schützenden Gittern versehen. In

Stadtgottesacker

den zehn Bogennischen im Südflügel sind verschiedene Epitaphe und Grabplatten zu sehen, so z. B. in der ersten das „Brautpaar“ (Andreas Vogel, 1634–1676 und seine Frau Dorothea, 1656–1676) und in der neunten das Epitaph des Hüttenmeisters Hans Stal d. Ä. († 1541) von Hans Schlegel, ein bedeutendes Werk mitteldeutscher Renaissanceplastik.

Übernachtung

€€€ Hotel Graf von Mansfeld
Stadtschloss/Markt 56, 06295 Lutherstadt Eisleben,
✆ (03475) 66300, 📠 250723, Internet: www.hotel-eisleben.de
Komfortables Traditionshotel direkt am Markt, ruhige Lage, schöne Zimmer. Schon Luther weilte hier in der Kanzlei der Grafen von Mansfeld mehrmals als Gast, u. a. 1525, 1539 und 1545. Mit Restaurant (s. S. 45).

€€€ Deckert's Hotel und Restaurant
Friedensstr. 2, 06295 Lutherstadt Eisleben,
✆ (03475) 6690, 📠 669221,
Internet: www.deckerts-hotel.de
Familiengeführtes Hotel und Restaurant in Bahnhofsnähe. Die Zimmer sind individuell und gemütlich eingerichtet (5 Einzelzimmer und 10 Doppelzimmer). Parkplätze vorhanden, auch für Reisebusse. Täglich geöffnet.

€€ Hotel und Pub „Alter Simpel“
Glockenstr. 7, 06295 Lutherstadt Eisleben, ✆ (03475) 696507,
📠 663398, Internet: www.hotelaltersimpel-eisleben.de
Preiswert, sauber und ordentlich. Pub mit kleinen Speisen.

€€ **Park-Hotel**
Bahnhofstr. 12, 06295 Lutherstadt Eisleben, ✆ (03475) 92730, 🖷 927330
Ruhiges Hotel am Park mit familiärer Atmosphäre.

€-€€ **Pension Bader**
Badergasse 11, 06295 Lutherstadt Eisleben. Anmeldung über „Alter Simpel". ✆ außerhalb der Geschäftszeiten (03475) 717032 oder (0178) 7431130.
Kleine Pension in der Nähe von Luthers Geburtshaus.

Gastronomie

€€-€€€ **Graf von Mansfeld** (s. S. 44)
Mo.-Fr. 17.30-23, Sa./So. 11.30-14, 17.30-22 Uhr
Edles Restaurant in historischen Mauern mit guter Auswahl an nationalen und internationalen Speisen. Ab 10 Personen Mittagessen auch unter der Woche nach Vorbestellung.

€€-€€€ **Lutherschenke Eisleben**
Lutherstr. 19, 06295 Lutherstadt Eisleben, ✆ (03475) 614775, 🖷 250102, Internet: www.lutherschenke-eisleben.de,
tägl. ab 11 Uhr
Traditionelle Küche wie zu Luthers Zeiten, rustikal. Günstige Mittagsgerichte (€). Neben dem Geburtshaus.

€€ **Deckert's** (s. S. 44)
Mo.-Fr. ab 17, Sa./So. ab 11 Uhr
Im stilvoll eingerichteten Restaurant wird man mit regionaler und mediterraner Küche verwöhnt.

€€ **Virginia Steak House**
Küstergasse 3, 06295 Lutherstadt Eisleben, ✆ (03475) 6880646, Internet: www.steakhouse-virginia.de
Mo.-Do. 11-23.30, Fr./Sa. 11-1, So. 11-23 Uhr
Rustikal, große Auswahl. In der Nähe der Andreaskirche.

€ **Altes Wirtshaus**
Hallesche Str. 16, 06295 Lutherstadt Eisleben, ✆ (03475) 681974
Mo., Mi.-Fr. 10-22, Sa./So. 11-22 Uhr
Kleine preiswerte Gaststätte. Speisen nach Art des Mittelalters.

☕ € **Café Luthers Süßes Stübchen**
Markt 52, 06295 Lutherstadt Eisleben, ✆ (0173) 3888142
Mo.-Fr. 10-18, Sa. 10-13, So. 13.30-18 Uhr
Kleines Café am Marktplatz.

4. Etappe: Von Eisleben nach Seeburg (18 km)

Lutherstadt Eisleben - Kloster Helfta - Unterrißdorf - Luthers „Kalte Stelle" - Wormsleben - Süßer See - Schloss Seeburg - Seeburg

Der Lutherweg verläuft nun am Nordrand der Eislebener Aue und des Süßen Sees entlang bis Seeburg. Der viel benutzte Altweg von Eisleben nach Halle wurde für Martin Luther 1546 sein letzter Reiseweg. In der Nähe von Unterrißdorf erkältete er sich.
Bei Unterrißdorf beginnt das Landschaftsschutzgebiet „Süßer See" mit reizvollen Steilhängen am Nordrand des Lutherwegs, die sich bis Höhnstedt erstrecken. Wanderer und Radfahrer kommen an den Naturschutzgebieten Hasenwinkel, Lämmerberg und Vockenwinkel sowie Galgenberg und Fuchshöhlen vorbei. Bereits in der Altsteinzeit boten die Gebiete an den beiden Seen Süßer See und Salziger See den Menschen gute Lebensbedingungen. Die 2003 gegründete „Weinstraße Mansfelder Seen" erinnert daran, dass das Gebiet einst zu einem großen Weinbaugebiet gehörte, das im 16. Jh. seine weiteste Ausdehnung hatte. Erst im 19. Jh. trat hier der Obstbau an seine Stelle. Der Weinbau ist heute vor allem bei Seeburg, Höhnstedt und Rollsdorf konzentriert (s. S. 51–57).

Auf dem ausgeschilderten Lutherweg wird Eisleben über die Straße „Landwehr" verlassen. Er stößt nach ca. 1,5 km auf den Fernwanderweg E 11 und den Radfernweg Saale-Harz, denen bis Unterrißdorf zu folgen ist. Ein lohnender Abstecher (ca. 4 km zusätzlich) führt jedoch ab Eisleben zum Kloster Helfta.

→ Abstecher zum Kloster Helfta

Dazu geht man die Bahnhofstraße hinauf und biegt nach dem Park-Hotel geradeaus in den Park ein, hält sich gleich links und dann wieder rechts, dann immer auf dem Hauptweg. Danach ist für längere Zeit geradeaus zu wandern (Schillerstraße, Straße des Aufbaues). In Helfta ist an der Bushaltestelle „Feuerwehr" links in die Luisenstraße einzubiegen, an deren Ende geht man rechts auf dem Fußweg weiter, parallel der B 80 zum Klostereingang.

Klosterkirche Helfta

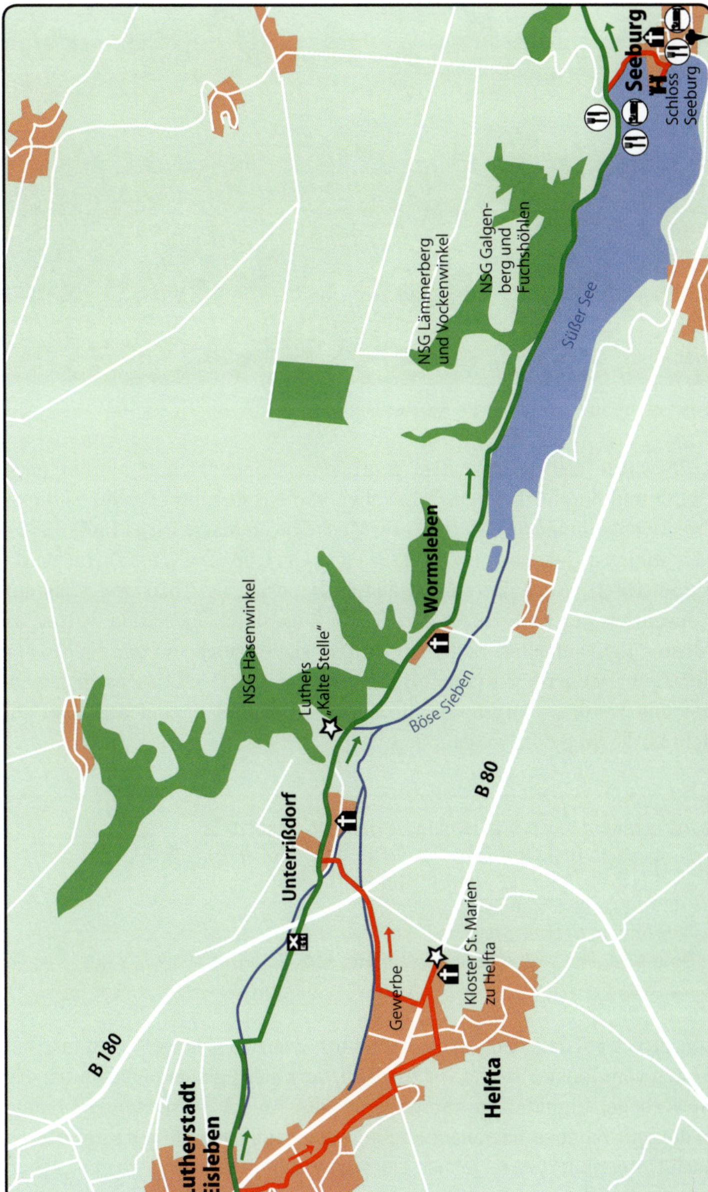
Seeburg
Schloss Seeburg
NSG Galgenberg und Fuchshöhlen
NSG Lämmerberg und Vockenwinkel
Süßer See
Wormsleben
NSG Hasenwinkel
Luthers „Kalte Stelle"
Böse Sieben
B 80
Unterrißdorf
Kloster St. Marien zu Helfta
Gewerbe
B 180
Helfta
Lutherstadt Eisleben

4. ETAPPE

Das Lebendige Labyrinth im Kloster Helfta

1258 wurde das bei Mansfeld gegründete Nonnenkloster hierher nach Helfta und bereits 1343 nach Eisleben verlegt. Berühmt wurde es durch drei Mystikerinnen des Mittelalters: Mechtild von Magdeburg (1207–1282), Mechtild von Hakeborn (1231–1291) und Gertrud (Die Große) von Helfta (1256–1302). Nach Zerstörungen im Bauernkrieg 1525 zog sich der Konvent wieder nach Helfta zurück. Im Zuge der Reformation wurde das Kloster 1542 aufgelöst. Seit 1998 wird es wieder aufgebaut und als Kloster der Zisterzienserinnen genutzt. Dort werden u. a. Meditationswochenenden und Seminare angeboten. Im Sinne der Ökumene sind Wanderer auf dem Lutherweg dort willkommen.

Information: Kloster St. Marien zu Helfta, Lindenstr. 36, 06295 Lutherstadt Eisleben, OT Helfta, ✆ (0 34 75) 7115 00, 🖷 7115 55, Internet: www.kloster-helfta.de
Öffnungszeiten: tägl. 8.30–17 Uhr
Führungen: nach Absprache
Gottesdienst: So. 8.30, Eucharistiefeier tägl. 7.30 Uhr

Um zurück auf den ausgeschilderten Lutherweg zu gelangen, geht man am besten vom Kloster Helfta vor zur B 80, dort links, gleich rechts durch das Gewerbegebiet und dann immer geradeaus. An der T-Kreuzung ist rechts in den mit Bäumen bestandenen Radweg einzubiegen, dem bis zur Straße nach Unterrißdorf zu folgen ist. Dort geht es links zum Ort, wo der Lutherweg an der Hinteren Dorfstraße zu erreichen ist.

Unterrißdorf

Das Straßendorf wurde 1521 als „Ristorf im Grunde“ erwähnt und gehörte 1501–1571 zu Mansfeld-Mittelort. Der Name deutet auf „Risse“, gemeint sind die offenen Zerrspalten im Hang. 2006 wurde Unterrißdorf nach Lutherstadt Eisleben eingemeindet.

→ Abstecher zur Kirche

Nach dem Haus Nr. 8 (Hintere Dorfstraße) führt die mit alten Pflastersteinen belegte Schlippe zur spätromanischen Kirche St. Liudger und Maternus. Romanisch ist der Durchgang zum Turm. Die Ornamentik im oberen Bereich deutet auf einen Baubeginn um 1180/90. Aus spätgotischer Zeit stammt der Kanzelaltar mit Schnitzfiguren und Gemälden (um 1500). Rechts und links der Kanzel sind die Bischöfe Liudger und Maternus zu sehen. Im zwölfeckigen Taufstein befindet sich ein Messingtaufbecken, das das Gotteslamm mit der Siegesfahne am Kreuz zeigt. 2004 wurde mit der Sanierung der Kirche begonnen.

Die Kirche in Unterrißdorf

Information: Herr Grohmann, Evangelische Kirchengemeinde Unterrißdorf, Lutherweg 17, 06295 Lutherstadt Eisleben, OT Unterrißdorf, © (03475) 715685, Internet: www.luther-in-unterrissdorf.de
Öffnungszeiten und Führungen: nach Anmeldung
Gottesdienst: alle 14 Tage, So. 9.15 oder 10.30 Uhr

Luthers „Kalte Stelle“

Als „hart vor Eisleben gelegen“ erwähnte Martin Luther Rißdorf 1546 in den letzen Briefen an seine Frau, sowie den „kalten Wind“, der ihm „das Hirn zu Eise“ machte. Es sollte seine letzte Reise werden. An der „Kalten Stelle“, wo er krank wurde, ist noch heute eine

Luthers „Kalte Stelle“

Die Wormslebener Kirche

„kalte" Hangschneise. Im oberen Teil der Schlucht befindet sich das Naturschutzgebiet Hasenwinkel mit naturnahem Restwald aus Traubeneiche, Winterlinde, Feld- und Spitzahorn.

Wormsleben

Wormsleben ist heute ein Ortsteil von Lüttchendorf, mit dem es zu Luthers Zeiten nur durch eine Kahnfähre verbunden war. Schon damals zählte es zu den kleinen Dörfern. 948 war Wormsleben allerdings kirchlicher Hauptort im halberstädtischen Banne Eisleben mit dem sehr alten Patrozinium des Heiligen Kreuzes. Hier soll einst die älteste Kirche im Hassegau gestanden haben. Das rundbogige Nordportal der heutigen Kirche könnte auf einen romanischen Kern hindeuten. In Wormsleben fand 1073 die Landesversammlung sächsischer Fürsten und Edlen statt, die zum Aufstand gegen König Heinrich IV. (Investiturstreit) führte.

Information: Evangelisches Pfarramt, Annenkirchplatz 2, 06295 Lutherstadt Eisleben, Pfarrerin Meinhold, ✆ (03475) 604115
Öffnungszeiten und Führungen: Schlüssel nach Voranmeldung bei Frau Helbig, ✆ (03475) 718480 oder Frau Weise, ✆ (03475) 718465 in Wormsleben
Gottesdienst: alle 14 Tage, im Sommer Sa. 18.15, im Winter Sa. 17.15 Uhr

Der Süße See

Der Süße See (ca. 250 ha) bietet ein reichhaltiges Freizeit- und Sportangebot: Beliebt sind Baden, Segeln, Surfen, Angeln, Skaten und Radwandern auf dem asphaltierten Rundweg, der gleichzeitig Bestandteil des Radfernweges Saale-Harz ist.

Am Süßen See

Gastronomie

€-€€ **Schiffsgaststätte Seeperle**
Nordufer, 06317 Seeburg, ✆ (03 47 74) 2 82 14
Mo./Di. 12-22, Mi.-Sa. 11-24, So. 11-19 Uhr
Ausflugsrestaurant im Schiff. Blick auf den See, gutbürgerliche Küche. Weitere Gaststätten am See s. Seeburg.

→ Abstecher zum Schloss Seeburg und in den Ort (ca. 1 km)

Seeburg hat seinen Namen von einer 743 als Hohseeburg „Burg hoch am See“ erwähnten karolingischen Volksburg. Ab 1036 wurde sie von den Edlen von Querfurt bewohnt und ausgebaut. Diesem Geschlecht entstammt Erzbischof Wichmann von Magdeburg, der hier 1179 eine Propstei gründete. 1287 ging die Burg in den Besitz der Grafen von Mansfeld über, die sie zum Renaissancewohnschloss ausbauten. Martin Luther soll sich 1525, zum Höhepunkt des Bauernkrieges in Mitteldeutschland, für einige Tage auf der Seeburg aufgehalten und an seiner Schrift „Wider die räuberischen und mörderischen Rotten der Bauern“ gearbeitet haben. Zur Lutherzeit war Seeburg Verwaltungsmittelpunkt mit 22 Ämtern und Gerichtsstätte. Das Schloss ist seit Ende 2008 an die touristische Route „Straße der Romanik“ angeschlossen. Vermietet werden Ferienappartements, möglich sind auch Hochzeiten und Tagungen mit Übernachtung.

Information: Schloss Seeburg, Schlossstr. 18, 06317 Seeburg, Internet: www.seeburg-schloss.de
Führungen: ca. 1 Std., nach Absprache, mind. 5 Personen, Herr Keitel, ✆ (03 47 74) 9 04 00

Epitaph in St. Nikolai

In der spätromanischen Seeburger Kirche St. Nikolai (12. Jh.) soll Martin Luther am zweiten Ostertage 1525 gepredigt haben. Der spätgotische Flügelaltar stammt aus dem Umkreis der Cranach-Werkstatt. Eine Besonderheit ist das Epitaph (Ende 16. Jh.) der beiden Söhne des ersten Grafen von Hahn, die hier hintereinander, mit Blick auf den Altar knien.

Information: Evangelisches Pfarramt Röblingen, ✆ (03 47 74) 9 08 08
Öffnungszeiten: nach Voranmeldung Schlüssel bei
Fam. Harbarth, ✆ (03 47 74) 2 82 69 oder 3 04 64,
Fam. Fiebig, ✆ (03 47 74) 2 83 91
Führungen: nach Anfrage
Gottesdienst: unregelmäßig, Information über das Pfarramt (s. o.)

Übernachtung

€€ Pension im SaunaDom
Nordstrand, 06317 Seeburg, ✆ (03 47 74) 415 69, 🖷 415 72,
Internet: www.saunadom-seeburg.de
Behagliche Zimmer, z. T. mit Seeblick.

€€ Zur Forelle
Str. der Freundschaft 26, 06317 Seeburg, ✆/🖷 (03 47 74) 2 82 42,
Internet: http://forelle-seeburg.de
Historisches Haus, gemütliche Zimmer.

Gastronomie

€-€€ Restaurant im SaunaDom (s. o.)
Große Auswahl, mit Terrasse und Seeblick.
Mo. 15-20, Di.-Do. 15-22, Fr. 14-23, Sa. 11-22, So. 11-21 Uhr

€-€€ Zur Forelle (s. o.)
tägl. ab 11 Uhr
Gemütliche Gaststätte, gutbürgerliche Küche.

Eiscafé an der Seepromenade
Str. der Freundschaft 1, 06317 Seeburg, ✆ (03 47 74) 7 08 96
März-Nov. Mo.-Fr. 13-20, Dez.-Feb. Sa./So. 13-20 Uhr
Großes Eiscafé.

4. ETAPPE

Abschnitt 2: Das Untere Saaletal und Halle

Kurz hinter Seeburg führt der Lutherweg weiter nach Osten bis zur Saale durch den Naturpark Unteres Saaletal (40.783 ha), der wegen seiner abwechslungsreichen Landschaft, besonderen Naturschönheit, vielseitigen Gesteinswelt sowie interessanten Tier- und Pfanzenwelt 1961 unter Landschaftsschutz gestellt wurde. Zwischen Seeburg und Halle erwarten den Wanderer sowohl Höhen als auch Täler. Weinberge, Obstplantagen, Ackerflächen, Wälder und Bachtäler bilden ein reizvolles Mosaik. Gleichzeitig beginnt hier der Saalekreis. Bis in die Mitte des 20. Jh. reichte die Grafschaft Mansfeld, deren westlicher Teil ab 1815 den Mansfelder Seekreis bildete, noch bis Köllme. Der Naturpark ist nach dem Fluss Saale benannt und erstreckt sich in nördlicher Richtung von Halle bis Wispitz bei Bernburg.

5. Etappe: Von Seeburg nach Köllme (14 km)

Seeburg - Höhnstedt - Müllerdorf - Zappendorf - Köllme

Luther soll gesagt haben: „Wer nicht liebt Wein, Weib und Gesang bleibt ein Narr sein Leben lang." Die malerischen Weinberge an den Nordhängen sind Vorboten der Rebhänge um Seeburg und Höhnstedt, die oft als das nördlichste geschlossene Weinanbaugebiet Europas bezeichnet werden. Der Weinanbau ist hier 973 urkundlich erstmals belegt. Die Mischung aus Buntsandstein-, Lehm- und Lößböden sowie die geringen Niederschläge im Regenschatten des Harzes bilden dabei eine ideale Grundlage und geben dem Wein seinen ganz besonderen Charakter.

Weinstöcke bei Höhnstedt

Das Untere Saaletal

Auf dem Weg nach Höhnstedt

Vorbei an Weinbergen und Gartenanlagen wird der Saalekreis betreten. Der erste Weinberg linker Hand heißt „Egypten". Vermutlich ist der Name eine Anspielung auf Zigeuner, die hier an der warmen Stelle überwinterten. Neben dem Wein ist die Umgebung von Höhnstedt auch ein wichtiges Aprikosenanbaugebiet, das einzige geschlossene in Deutschland (ca. 2.000 ha).
An einem hölzernen Schild „Rollsdorf – Seeburg" biegt der Lutherweg in das steile Rösetal ein und führt auf einem angenehmen, bewaldeten Weg hinauf zum Weindorf Höhnstedt. An den Hängen grüßen Weinberge, Gärten und Streuobstwiesen. Oben mag der Wanderer verstehen, warum der Ort seinen Namen von „hohe Stätte" erhalten hat.

Höhnstedt

Der Lutherweg wurde am 28.02.2008 im Weindorf Höhnstedt feierlich eröffnet, da er sich hier in eine Nordstrecke (über Wettin, Bernburg, Köthen, Dessau-Roßlau) und eine Südstrecke (über Halle, den Petersberg, Bitterfeld-Wolfen, Kemberg) teilt. Zur Lutherzeit zählte Höhnstedt zu den großen Dörfern, einen Gasthof gab es schon. Von den drei Kirchen bzw. Kapellen ist nur eine übrig.

Hier teilt sich der Lutherweg

→ Abstecher zur Kirche

Zur der den Vorgängerbau aus dem 15. Jh. ersetzende Kirche St. Lucia und Ottilia führt an der Lindenstraße rechts ein Abstecher. Der neugotische Bruchsteinbau auf kreuzförmigem Grundriss, mit Einfluss der englischen Tudorgotik, wurde ab 1830 neu errichtet. Die Ausstattung ist einheitlich klassizistisch.

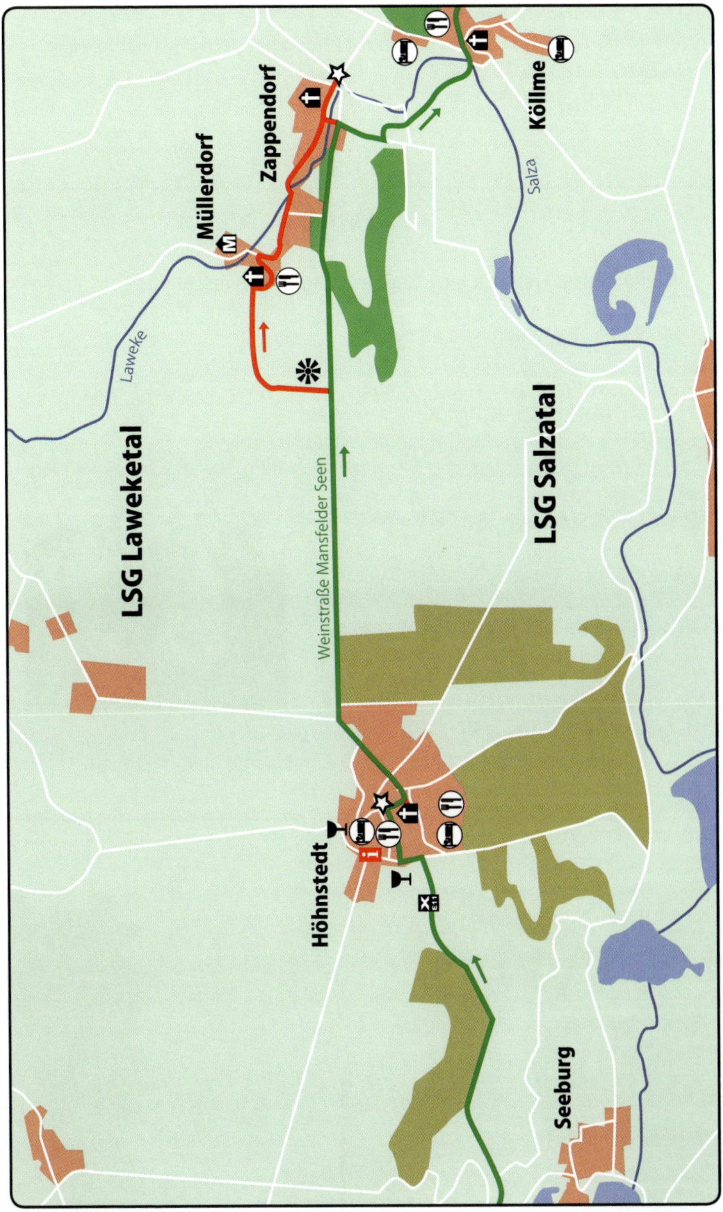
Zappendorf
Müllerdorf
Köllme
Salza
Laweke
LSG Laweketal
LSG Salzatal
Weinstraße Mansfelder Seen
Höhnstedt
Seeburg

5. ETAPPE

Information und Öffnungszeiten: Besichtigungen nach Absprache, Herr Hänel, ✆. (03 46 01) 2 52 39
Gottesdienst: So. 10.30 Uhr

Extratipp

In Höhnstedt bietet sich eine Besichtigung des Weinschaugartens an der Hauptstraße mit verschiedenen Rebsorten sowie eine Weinprobe an. Besonders zu empfehlen ist dies bei:

Weingut Hoffmann Alte Schrotmühle, Hauptstr. 35a, 06179 Höhnstedt, ✆ (03 46 01) 2 29 32, 🖷 2 01 36,
Internet: www.weingut-hoffmann-alte-schrotmuehle.de
Imbiss (Brot, Käse, Flammkuchen) zur €€ Weinprobe (nach Anmeldung, ab 8 Personen)
Platz für Gruppen bis 150 Personen.

Weingut Born, Wanslebener Str. 3, 06179 Höhnstedt, ✆ (03 46 01) 2 29 30, 🖷 2 00 39, Internet: www.weingut-born.de
Direkt neben der Stelle, wo sich der Lutherweg teilt. 1993 erstes privates Weingut der Region. Medaillen bei Landes- und Bundesweinprämierungen.
€€ Weinprobe mit Brot und Käse (nach Anmeldung, ab 6 Personen)
Straußwirtschaft: Mai–Sept. Sa./So. ab 10 Uhr

Die Kirche St. Petri

Übernachtung

€€ Zur Weintraube
Hauptstr. 38, 06179 Höhnstedt, ✆ (03 46 01) 3 07 86,
Internet: www.weintraube-hoehnstedt.de
Ansprechende, moderne Zimmer im Herzen von Höhnstedt.

€€ Am Kelterberg
Amselgrund 12, 06179 Höhnstedt, ✆ (03 46 01) 2 03 42,
Internet: www.web-igel.de/kelterberg
Kleine Familienpension in ruhiger Lage. Am Platz des Friedens rechts abbiegen.

Gastronomie

€-€€ Zur Weintraube (s. o.)
Mo./Mi.-Fr. 11-14, 17-22, Sa. 11-22, So. 11-20 Uhr
Leicht gehobene Küche, moderne Einrichtung. Regionale und internationale Angebote. Mit Terrasse.

€ Am Kelterberg (s. o.)
Di.-Sa. 11-22, So. 11-20 Uhr
Regionale Küche, Biergarten. Weinverkostung und Weinwanderung nach Anmeldung.

Tipp: Ausdauernde Wanderer können in Höhnstedt übernachten und in einem Tag weiter bis Halle wandern. Wer kurze Tagestouren bevorzugt, übernachtet in Köllme (s. S. 62).

Von Höhnstedt nach Zappendorf folgt der Lutherweg der „Weinstraße Mansfelder Seen“. Die Hochfläche „Höhnstedter Platte“ gestattet weite Blicke. Linker Hand sind der Petersberg (s. S. 90 ff.), eine Apfelplantage und bald darauf eine Halde zu sehen.

→ Abstecher über den Ortsteil Müllerdorf nach Zappendorf

Dazu biegt man am Schild „Höhenrundweg“ links ein, wo sich bald ein beeindruckender Blick in die Landschaft bietet. Äcker, Gehölze, Streuobstwiesen und Grünflächen wechseln auf reizvolle Weise einander ab. Hier beginnt das Landschaftsschutzgebiet Laweketal. Die Laweke mündet bei der Betsäule in Zappendorf (s. S. 59) in die Salza. Der Beginn des nach Westen

Weg zur Kirche

abbiegenden Rätherwegs wurde früher „Luthersches Thal“ genannt, weil der Reformator auf einer seiner Reisen nach Eisleben hier vorbei gekommen sein soll. Allerdings heißt es in Urkunden von 1582 aber „Lotherisches Thal“, das eher von Lotter „Taugenichts“ abzuleiten ist.

Müllerdorf

Am Rätherweg 7–12 führen Stufen hinauf zur Kirche St. Petri. Oben bietet sich ein schöner Ausblick. Die erste Kirche wurde im 12. Jh. aus Muschelkalk errichtet und nach einem Brand 1897/98 neu gebaut, der Turm vom Vorgängerbau übernommen und 1897 erhöht. Innen befinden sich ein spätgotisches Sakramentshäuschen und im Chorraum ein spätgotischer Schnitzaltar (ca. 1460–1470) aus der Kirche St. Georg in Gödewitz. Eine Besonderheit sind die beiden Gipsabdrücke mit heidnischen Reliefs des Gottes „Lubbe“. Die Originale befanden sich einst an der Nordseite und sind seit 1918 im Landesmuseum in Halle untergebracht. Die Bildsteine sollen vom Luppberge bei Schochwitz schon vor langer Zeit (möglicherweise im 17. Jh.) nach Müllerdorf gebracht worden sein.

Information: Pfarramt Zappendorf, Am Brunnen 8, 06179 Zappendorf, OT Müllerdorf, ✆ (03 46 09) 2 04 24
Öffnungszeiten und Führungen: nach Absprache
Gottesdienst: alle 14 Tage (Information beim Pfarramt)

Rechts geht es an der Kirche vorbei, dann links und unten wieder rechts. Ein weiterer Abstecher führt links zum Landwirtschafts- und Heimatmuseum. Gezeigt werden Einrichtungen aus Urgroßmutters Zeiten, landwirtschaftliche Geräte, eine Mineraliensammlung und die Jagdstube. Das Museum wurde 2002 nach der Sanierung des Bauernhofs eröffnet und 2005 erweitert.

Information: Museum Zappendorf, Am Brunnen 12, 06179 Zappendorf, OT Müllerdorf, ✆ (03 46 09) 2 38 86, Internet: www.zappendorf.de
Öffnungszeiten und Führungen: Mi.-Fr. 15-18, Sa./So. 10-17 Uhr, Mo./Di. nach Anmeldung

An der Gaststätte „Zur Linde“ vorbei führt die Straße weiter nach Zappendorf.

Gastronomie

€ Zur Linde
Schulstr. 15, 06179 Zappendorf, OT Müllerdorf, ✆ (034609) 20434
Mo./Mi.-Sa. 16-23, So. 11-13.30, 16-22 Uhr
Rustikale Dorfgaststätte in der Nähe der Kirche.

Zappendorf

Der urkundlich 1288 erstmals erwähnte Ort war einst das zweitgrößte Weindorf der Region. Auf der Straße der Freundschaft durch Zappendorf geht es an der Wassermühle (18. Jh.) vorbei, wo jedes Jahr im Juni ein Mühlenkonzert stattfindet. Der urkundlich 1234 als Mühle der heutigen Wüstung Flatersleben erwähnte Vorgängerbau war bereits zu Luthers Zeiten wüst.

Linker Hand steht die neugotische katholische Kirche St. Elisabeth (1868/69). Mitte des 19. Jh. war die Zahl an katholischen Einwohnern durch Einwanderung wegen des Aufbaus der Kali- und Tonindustrie stark angestiegen. Ein Teil der Kirche ist in das Pfarrhaus eingebaut.

An der Mühle

Information: Katholisches Pfarramt Dölau, Dr.-Hans-Litten-Str. 5, 06120 Halle (Saale), ✆ (0345) 5504629
Öffnungszeiten und Führungen: Anfrage im Pfarrhaus neben der Kirche oder beim Pfarramt
Gottesdienst: Sa. 17 Uhr

Wenn man an der Schachtstraße rechts abbiegt ist der ausgeschilderte Lutherweg wieder erreicht.

→ Abstecher zur Betsäule

Ein äußerst lohnender Abstecher führt jedoch geradeaus zur Betsäule. Wer nicht über Müllerdorf gelaufen ist, hält sich für den Abstecher an der Schachtstraße links, dann wieder rechts.

Die Betsäule

Betsäulen sind Stein- oder Holzmale, die seit dem 14. Jh. meist an Wegen aufgestellt wurden. Der Vorübergehende sollte zu einem Gebet innehalten, oft für einen Verunglückten. Laut der Inschrift auf der Reliefseite mit dem gekreuzigten Christus ist die Zappendorfer Betsäule aus hellem Sandstein an der Salzabrücke 1518 für einen Nickel Kleyn errichtet worden. Die andere Seite zeigt Christus, der das Kreuz trägt, die Schmalseiten den heiligen Nikolaus (Westen) und den Apostel Bartholomäus (Osten). Eine ähnliche spätgotische Betsäule steht in Halle (s. S. 80).

Köllme

Schon von Weitem sind die eindrucksvollen Muschelkalkhänge in Ortsnähe zu sehen. Köllme, urkundlich im 9. Jh. erstmals erwähnt, ist der älteste zu Zappendorf gehörende Ortsteil. Zu Luthers Zeiten zahlten zehn Köllmer Bauern Zinsen an das Kloster Neuhelfta bei Eisleben. Nach 1534 kam Köllme zum Kloster Holzzelle.

→ Abstecher zur Kirche

Ein Abstecher führt an der Straße der Einheit rechts zur im Kern spätromanischen Kirche (12. Jh.), der ersten Kirche Köllmes aus Stein. Am Schiff befindet sich ein romanisches Portal mit zweigeteiltem Tympanon und Rosetten. Innen sind Reste einer größeren spätgotischen Holzschnitzerei zu sehen: Anna, zu deren Füßen Maria mit dem Jesuskind kauert. Der Kanzelaltar stammt von ca. 1740. Die größere der beiden Glocken trägt eine Inschrift von 1594. Der Kirchengarten ist eine Oase der Ruhe.

5. ETAPPE

Köllme mit seinen Muschelkalkhängen

Kleines Kirchenfenster

Information und Öffnungszeiten: nach Anfrage bei der Evangelischen Kirchengemeinde Schochwitz, ✆ (03 46 09) 2 13 71
Gottesdienst: einmal im Monat, Termine unter www.kirche-saalekreis.de

Übernachtung

€ **Pension „Am Steinbruch"** (Fam. Müller)
Str. der Einheit 16, 06179 Zappendorf, OT Köllme,
✆ (034609) 25913 oder (0178) 7845518
Kleine Pension, auch Dreibettzimmer. Ohne Frühstück.

€ **Zimmervermietung Richter**
Neue Siedlung 2, 06179 Zappendorf, OT Köllme, ✆ (034609) 20753, Internet: www.wohnenunterderwoche.de (Zappendorf)
Ferienwohnung mit Mini-Küche, separater Eingang. Ohne Frühstück.

Gastronomie

€ **Futterscheune**
Bennstedter Str. 25a, 06179 Zappendorf, OT Köllme,
✆ (034609) 20107
tägl. 18–23 Uhr
Klein und rustikal. Speisen zu kleinen Preisen.

In der Dölauer Heide

6. Etappe: Von Köllme nach Halle-Giebichenstein (18 km)

Köllme - Zorges - Dölauer Heide - Kröllwitz - Giebichenstein

Zorges

Von den sanften Höhen der Ausläufer des östlichen Harzvorlandes auf Feldwegen, durch die Wälder der Dölauer Heide zur Saale in Halle – diese Etappe ist von Natur geprägt. Ihren Auftakt bilden die Muschelkalkhänge (Naturschutzgebiet) bei Köllme. Später wird der Plateaurücken der Dölauer Heide, der sich vom Langen Berg im Nordosten bis zum Roten Berg im Südwesten erstreckt, auf dem Lutherweg umgangen, so dass Höhenunterschiede kaum spürbar sind. Malerische Ausblicke auf die Saale belohnen den Wanderer am Schluss.

Vorbei am Flächennaturdenkmal „Geblers Berg“ (geschützt seit 1983), ist bald die Plateaufläche über dem Unteren Muschelkalk, der hier früher in Steinbrüchen abgebaut wurde, erreicht. Im Mittelalter reichte der Wald viel weiter nach Westen: Rodungen im 19. Jh. machten Platz für Sandgruben und kleine Braunkohlenschächte, die heute wieder der Natur übergeben sind.

Zorges

Nach einiger Zeit grüßt rechter Hand am Abzweig nach Bennstedt das Wäldchen Zorges, im Mittelalter die Westgrenze der Dölauer Heide. Die Sage berichtet von einer Prinzessin Zorges, die im Berg (130 m) in einem unterirdischen Schloss wohnt und in kalten Januarnächten nach Mitternacht auf ihrem Schlitten durch das Land fährt. Wanderer mit gutem Gewissen, die ihr begegnen, erhalten einen hohen Lohn, wenn sie ihr nicht ausweichen.

Dölauer Heide

An den ersten Eichen rechter Hand ist der Stadtwald von Halle, die Dölauer Heide (ca. 740 ha), erreicht. Der früher einfach nur „Heide" genannte Wald ist eines der wenigen geschlossenen Waldgebiete zwischen Harz und Dübener Heide und seit 1972 Landschaftsschutzgebiet. Die Dölauer Heide befindet sich auf der tiefsten Lage der Hochfläche des östlichen Harzvorlandes, das sich in Richtung Saale immer weiter absenkt. Steinkistengräber im Naturschutzgebiet „Bischofswiese" in der Mitte der Dölauer Heide belegen eine frühe Besiedlung.

Der Lutherweg führt an der Siedlung Waldheil, einem Ortsteil von Lieskau vorbei, die Anfang des 20. Jh. gegründet wurde. Nachdem Lieskaus Straßen verlassen wurden, geht es weiter auf dem Weg „Die Wacholdern" (früher die Bezeichnung für die ganze Westheide), dann durch das Mönchsholz aus Eichen und Kiefern, einst ein Lehn- und Eigentumsstück des Paulinerklosters der Predigermönche St. Pauli zum heiligen Kreuz (heute „Dom") in Halle. An der Straße besteht die Möglichkeit zur Einkehr.

Gastronomie

€ Heidebahnhof
Salzmünder Str. 3, 06120 Halle (Saale),
✆ (03 45) 6 84 76
im Sommer Mo.-Sa. 8-22, So. 8-20, im Winter 8-18 Uhr
Imbiss und Gaststätte. Einfache kleine Speisen.

6. ETAPPE

Ab hier heißt der Weg „Bastige Tannen" nach früheren mit Flechten behangenen Fichten. Hier war das einstige Dölauer Moor. An einer Gabelung hält man sich links. Bei einer Haltestelle ist eine weitere Einkehrmöglichkeit erreicht.

Gastronomie

€-€€ Knoll's Hütte
Waldstr. 33, 06120 Halle (Saale), ✆ (03 45) 5 51 14 22, 🖷 5 51 27 06,
Internet: www.knollshuette.com, Mo.-Fr. 11-22, Sa. 11-24, So. 11-20 Uhr
Traditionsgaststätte seit 1904. Gutbürgerliche Küche, großer Biergarten.

Weiter geht es auf dem „Hallweg".

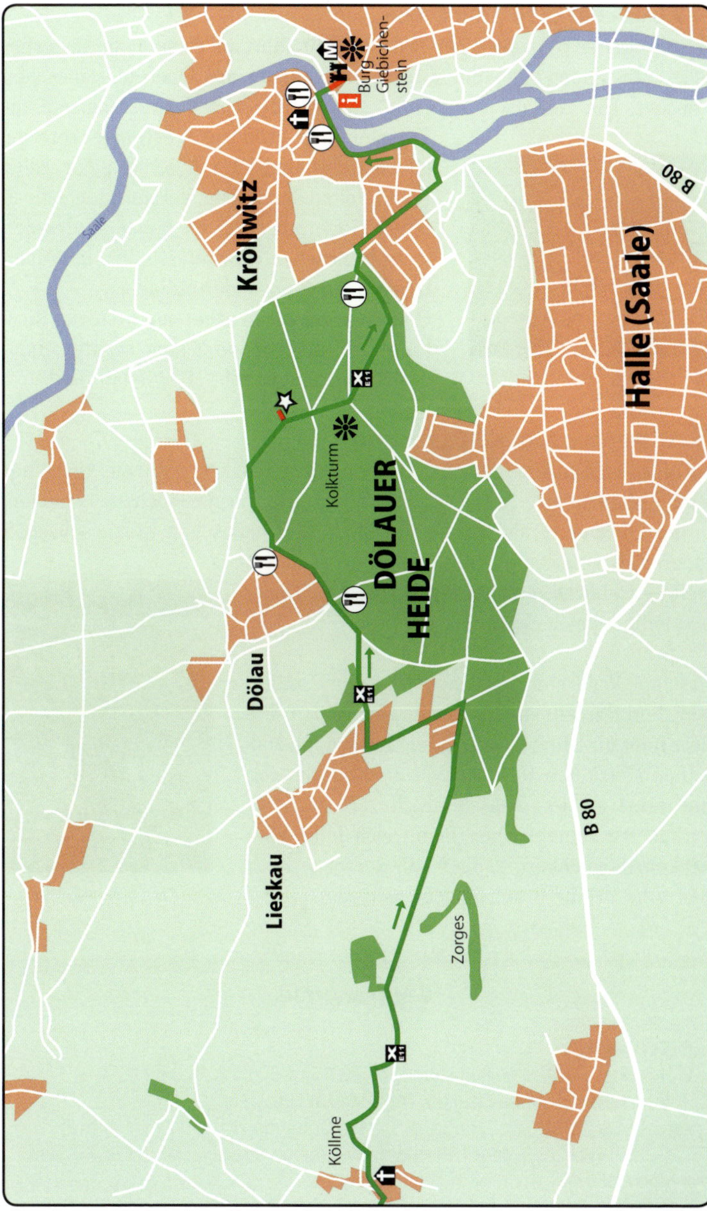
Burg Giebichenstein
Saale
Kröllwitz
B 80
Halle (Saale)
Kolkturm
DÖLAUER HEIDE
Dölau
Lieskau
B 80
Zorges
Köllme

→ Abstecher zum Steinbruch

Wo ein breiter Weg von scharf links zustößt, führt auf diesem ein Abstecher links zum ehemaligen Steinbruch am Kuhberg aus Oberem Halleschen Porphyr. Die „Hallesche Störung“, ein geologische Verwerfung, die zur Verschiebung größerer Gesteinspakete gegeneinander und zum Austreten der halleschen Solquellen führte, verläuft ungefähr in NW-SO-Richtung durch die Heide. Im Norden steht Hallescher Vulkanitkomplex, im Süden Gestein der Mansfelder Mulde an.
Geht man auf dem Lutherweg weiter in Richtung Südosten, befindet sich rechter Hand das Naturschutzgebiet „Bischofswiese“.

Der Steinbruch

→ Abstecher zum Kolkturmberg

An einer großen Kreuzung mit Unterstand bietet sich rechts ein Abstecher zum Kolkturmberg (ausgeschildert), mit 132,5 m die höchste Erhebung in der Dölauer Heide, an. Der 1880 von der halleschen Kolkgesellschaft (gegr. 1860) erbaute Aussichtsturm gestattet weite Fernblicke, u. a. auf die Stadt Halle. Daneben befindet sich ein Steinkistengrab.

Fast am Waldrand angelangt, folgt der Lutherweg dem Harzklubstieg, ein vom Halleschen Heideverein mit Unterstützung der Ortsgruppe Halle des Harzklubs 1932 ausgebauter Spazierweg und führt an der Genscher-Eiche (15.06.1994) vorbei. An seinem Ende bietet sich links eine Einkehrmöglichkeit. Früher soll der Sage nach hier eine „weiße Frau“ umgegangen sein.

Die Genscher-Eiche

Gastronomie

€-€€ Waldkater

Waldkater 1, 06120 Halle (Saale), ✆ (03 45) 6 80 11 22, 🖷 6 80 11 23, Internet: www.waldkater.eu, Di.-So. ab 11 Uhr

Älteste Gaststätte der Heide, das erste Gebäude wurde 1848 eröffnet. Gutbürgerliche Küche, durchgehend warme Speisen. Auch Eis, Kuchen und Imbiss.

Am Hubertusplatz fahren mehrere Straßenbahnlinien in Halles Innenstadt. Von der Heideallee aus gelangt der Wanderer vor der Schwanenbrücke links am Westufer der Wilden Saale zum Stadtteil Kröllwitz.

Kröllwitz

Das alte Fischerdorf auf Porphyrkuppen wurde 1900 in Halle eingemeindet. Im gleichen Jahr wurde die neugotische Petruskirche auf einem ca. 30 m hohen Porphyrfelsen erbaut und am 19. September 1901 eingeweiht. Ihr Name erinnert an den Apostel Petrus sowie an den Petros-Fels (lat./griech. *petra* heißt „Fels").

Information: Evangelische Petrusgemeinde, An der Petruskirche 3,
06120 Halle (Saale), ✆ (0345) 5511979
Di. 17-18, Do. 14-16 Uhr,
Internet: www.petruskirche-halle.de
Öffnungszeiten: tägl. 9-19 Uhr
Führungen: nach Vereinbarung (s. o.)
Gottesdienst: So. 10 Uhr

Gastronomie

€-€€ Bergschenke Kröllwitz
Kröllwitzer Str. 45, 06120 Halle (Saale), ✆ (0345) 2118855,
🖷 2118822, Internet: www.bergschenke.de
Restaurant tägl. ab 11, Saaleterrasse Mo.-Fr. ab 14, Sa./So. ab 11,
Felsengarten Fr. 17-23, Sa./So. 12-23 Uhr
Nach der Überschwemmung von 1799 wurde die Schenke auf den Berg verlegt und heißt seither „Bergschenke". Vom Biergarten aus bietet sich ein romantischer Blick auf die Burg Giebichenstein und die Saale.

€-€€ Krug zum grünen Kranze
Talstr. 37, 06120 Halle (Saale), ✆ (0178) 9011055,
Internet: www.krugzumgruenenkranze.de
Apr.-Okt. Mi.-So. ab 11 Uhr
Im „Krug" dichtete Wilhelm Müller u. a. das bekannte Volkslied „Das Wandern ist des Müllers Lust". Die besten Plätze sind im Biergarten an der Saale mit Blick hinauf zur Burg Giebichenstein. An der Brücke hält man sich immer geradeaus.

An der wilden Saale

Am Saaleufer mit Blick auf Kröllwitz

Giebichenstein

Auf der Giebichensteinbrücke lohnt es sich, einen Augenblick zu verweilen. Martin Luther überquerte an dieser Stelle der Saale am 28.01.1546 mit der Fähre den Fluss auf dem Weg nach Eisleben. Der Fährbetrieb bestand noch bis 1870. Das Saaletal zeigt sich hier besonders schön: im Norden romantische Porphyrfelsen mit der Burg, im Süden fließt die Wilde Saale ein.

Die über tausendjährige Burg Giebichenstein (961 erstmals erwähnt und heute an die „Straße der Romanik" angeschlossen) wurde im 19. Jh. von dem Dichter Joseph von Eichendorff besungen: „Da steht eine Burg überm Tale und schaut in den Strom hinein. Das ist die fröhliche Saale, das ist der Giebichenstein." Um 930 baute König Heinrich I. sie zur Wehranlage aus, bis 1503 diente sie als Residenz der Erzbischöfe von Magdeburg. Die Unterburg ist seit 1921 der Hauptsitz der Burg Giebichenstein, Hochschule für Kunst und Design Halle, die Oberburg ein Freilichtmuseum mit sehr schönem Ausblick. Unweit der Burganlage lädt der Amtsgarten (Projekt „Gartenträume" in Sachsen-Anhalt) zur Rast ein.

Porphyrkuppen bei Kröllwitz

Information: Stadtmuseum Oberburg Giebichenstein, Seebener Str. 1, 06114 Halle (Saale), ✆ (03 45) 5 23 38 57
Öffnungszeiten: Apr.-Okt. Di.-Fr. 9-18, Sa./So. 9-18.30 Uhr

Zu Übernachtungen s. S. 81, zur Gastronomie s. S. 82.

7. Etappe: → Abstecher in die Altstadt von Halle (3 km)

Marktplatz - Marktkirche - Marienbibliothek - Goldenes Schlösschen - Franckesche Stiftungen - Moritzkirche - Hallmarkt - Neue Residenz - Grünewalddenkmal - Dom - Moritzburg - Betsäule - Universität

Ab der Burg Giebichenstein in Halle führt ein lohnender Abstecher in Halles Altstadt zu zahlreichen Sehenswürdigkeiten, die mit Luther und der Reformation in Verbindung stehen. Halle war die Residenzstadt von Kardinal Albrecht, der als Luthers Erzfeind gilt, und die Wirkungsstätte von Justus Jonas, dem Freund Luthers, der die Reformation in Halle einführte. In der Marktkirche, wo der große Reformator mehrfach predigte, werden Luthers Totenmaske und ein Abguss seiner Hände aufbewahrt, die zum Welterbe der evangelischen Kirche gehören. Halle zählte zur Lutherzeit durch seine Salzquellen zu den reichen Städten des Heiligen Römischen Reichs Deutscher Nation. Als Residenzstadt der Magdeburger Erzbischöfe (1503–1680) war Halle im 16. Jh. eine Hochburg des Katholizismus und eine bedeutende Stätte der deutschen Frührenaissance.

Albrecht von Brandenburg (1490–1545) war nach dem Kaiser Karl V. (1500–1558) der zweitmächtigste Mann des Reiches. 1513 wurde er Erzbischof von Magdeburg und Administrator des Bistums Halberstadt, 1514 Erzbischof von Mainz und 1518 Kardinal. Als Erzbischof und Kurfürst von Mainz war er gleichzeitig Primas der katholischen Kirche in Deutschland und Kurfürst des Heiligen Römischen Reiches Deutscher Nation in der Funktion des Reichserzkanzlers. Albrecht liebte Pracht, Prunk und Selbstdarstellung, war Förderer von Künstlern und Humanisten. Während seiner Zeit in Halle (1514–1541) machte der Kunstmäzen und Renaissancefürst die Stadt zu einem der wichtigsten Kunstzentren des Reiches.

Für diese Verschönerungen, Zahlungen an den Papst und seine eigene prunkhafte Hofhaltung brauchte der Kardinal in Halle Gelder, deren Beschaffung zum Auslöser für die Reformation wurde. Diese ließ er durch den von Johann Tetzel (1465–1519) verkauften Ablass einbringen, dessen frivole, auf Gelderlös angelegte Predigten Martin Luther zur Veröffentlichung seiner 95 Thesen veranlassten. Die von ihm gesandten Thesen vom 31.10.1517 gab Albrecht zunächst weiter, ohne sich damit auseinanderzusetzen. Erst in einem Schreiben vom 26.02.1520 ermahnte er Luther zu mehr Bescheidenheit. Dem Reformator war Albrechts Zurschaustellung seiner Reliquiensammlung „Hallesches Heiltum“ gegen Eintrittsgeld ein Ärgernis und er drohte ihm 1521, sein Büchlein „Wider den Abgott zu Halle“ zu veröffentlichen. Insgesamt reagierte der Kardinal recht gelassen auf Luthers Proteste und spätere Briefe. Solange sich reformatorisches

Gedankengut nicht irgendwie negativ auf die Kirche auswirkte, griff er nicht ein. 1525 schenkte Albrecht Luther sogar 20 Gulden zur Hochzeit. Insgesamt hat sich Kardinal Albrecht in der Reformationszeit zu passiv verhalten, um die katholische Kirche aus ihrer Krise zu führen. 1541 verließ er Halle und nahm die Altarbilder aus dem Neuen Stift sowie seine Reliquiensammlung mit. Martin Luther protestierte 1542 gegen deren erneute Ausstellung.
Dass die Reformation in Halle erst 1541 eingeführt wurde ist nicht Kardinal Albrecht allein zuzuschreiben. Es war eine Reformation in kleinen Schritten. Weder gab es Bilder- noch Klosterstürme und kaum bürgerlichen Aufruhr. Einer der Gründe mag gewesen sein, dass viele an Albrechts Reliquiensammlung verdient haben. 1529 erklärte der konfliktscheue Rat, an den bis 1541 keine Wünsche zur Reformation herangetragen wurden und der stets Rücksicht auf den Kardinal nahm, die Stiftskirche zur obersten Kirche der Stadt. Erst nach der Abreise Albrechts 1541 wurde wegen Albrechts Schuldenberg von 22.000 Gulden ein Bürgerausschuss gebildet. Halles Bürgerschaft war nur bereit, diese Schulden zu begleichen, wenn nun lutherische Prediger und Schulmeister eingesetzt würden. Der Rat weigerte sich noch 1542, die Klöster aufzulösen. Erst 1544 wurde Justus Jonas zum Superintendanten ernannt. Die Bettelordensklöster der Dominikaner und Franziskaner blieben bis 1561 dem alten Glauben verhaftet.

Weite Wege zum Gottesdienst

In Halle war es bis 1541 nicht möglich, eine evangelische Predigt zu hören. Wer dies wollte, wanderte ins reformierte Umland, nach Bennstedt, Teutschenthal, Eisleben und sogar Brehna. Diese Wanderungen wurden von Kardinal Albrecht unter Androhung schwerer Strafen 1535 und 1540 verboten.

Von der Burg Giebichenstein fahren die Straßenbahnlinien 7 und 8 zum Marktplatz.

1 Marktplatz

Nachdem Kardinal Albrecht Halle zu seiner Residenz gewählt hatte, gestaltete er das Stadtbild im Stil der Renaissance neu. Die Spuren des prunkliebenden Kirchenfürsten sind überall in Halle zu sehen. Seine Modernisierungen werden auf dem Marktplatz besonders deutlich. Vorher prägten ungeordnete Marktbuden, zwei Friedhöfe und zwei Kirchen das Bild. Nach

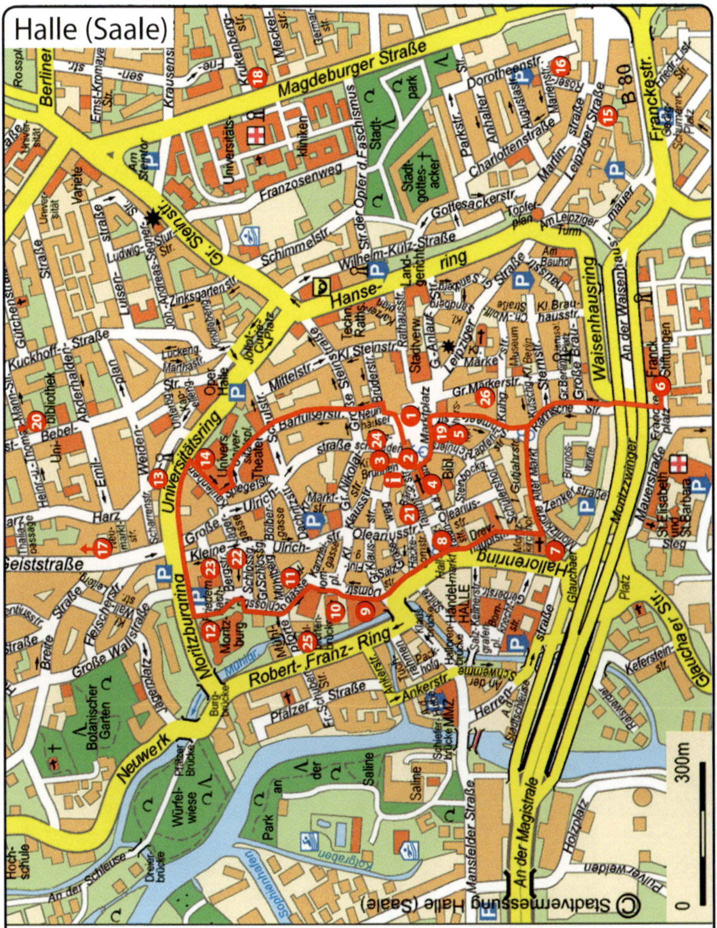

- i Marktschlösschen
- 1 Marktplatz
- 2 Marktkirche
- 3 Kühler Brunnen
- 4 Marienbibliothek
- 5 Goldenes Schlösschen
- 6 Franckesche Stiftungen
- 7 Moritzkirche
- 8 Hallmarkt
- 9 Neue Residenz
- 10 Dom
- 11 Grünewalddenkmal
- 12 Moritzburg
- 13 Betsäule
- 14 Martin-Luther-Uni.
- 15 Kempinski Hotel
- 16 Dorint Hotel
- 17 Apart-Hotel
- 18 Hotel am Steintor
- 19 Pension am Alten Markt
- 20 Jugendherberge
- 21 Mönchshof
- 22 Drei Kaiser
- 23 Osteria da Salvatore
- 24 Hermes
- 25 Weinkontor
- 26 Grober Gottlieb

7. ETAPPE

deren Abriss war eine große Freifläche entstanden und der Markt doppelt so groß. Aus zwei Kirchen war eine geworden, die neue Marktkirche.

2 Marktkirche Unser Lieben Frauen

Nach der Reformation in Halle 1541 wurde die Marktkirche die Hauptkirche der Stadt. Das vordere Turmpaar, die Hausmannstürme, gehörte einst zur Kirche St. Marien für die Bergstadt, das hintere, die „Blauen Türme" zur Kirche St. Gertrauden für den Salinebereich. Kardinal Albrecht ließ die Kirchenschiffe abreißen und bis 1539 die beiden Turmpaare mit einem neuen Kirchenschiff in spätgotischer Form verbinden. Das Reliefporträt an der Marktseite (1883) erinnert jedoch nicht an Kardinal Albrecht, sondern an Martin Luther, der 1545/46 mehrfach in der Marktkirche predigte (s. Foto S. 15). Die erste evangelische Predigt hatte bereits am Karfreitag 1541 Justus Jonas gehalten und hiermit die Reformation eingeführt. Innen befindet sich eine Gedenkinschrift an Luther mit Reliefbildnis und Lutherrose an der Nordempore gegenüber der Kanzel. An der Südempore ist Justus Jonas mit seinem Wappen, Jona im Walfisch, zu sehen. Zu Kardinal Albrechts Zeiten war bis 1539 der Gottesdienstraum im Ostteil der Kirche unter Caspar Kraft vollendet worden. Aus vorreformatorischer Zeit stammen der spätgotische Wandelaltar (16. Jh., Cranach-Schule), der im Mittelfeld Maria mit dem Kind, zu ihren Füßen Kardinal Albrecht, zeigt und der bronzene Taufkessel (1430). Die Reformation schuf veränderte Bedingungen, das Baukonzept musste neu überdacht und der Predigt ein gebührender Platz eingeräumt werden. Nickel Hoffmann (um 1510–1592) ließ daher eine Kanzel (um 1547) einbauen und die Emporen gestalten. An der Südempore erinnert eine Inschrift an den 1554 vollendeten Bau. Die Bibel-

Die Marktkirche

sprüche an den unteren Emporen rufen zur Treue zum reformatorischen Bekenntnis auf. An der Decke beeindruckt ein dichtes Netz- und Sterngewölbe. Das Bild über dem Altar von Heinrich Lichtenfelser (1593) stellt die Apostelgeschichte dar. Der Höhepunkt für den an Luther Interessierten dürfte gleich links im Raum neben dem Westeingang zu finden sein: die Totenmaske Luthers in Wachs (später verändert), eine Rekonstruktion des originalen Gipsabgusses, und der Abguss seiner Hände. Beim Transport von Luthers Leichnam von Eisleben nach Wittenberg wurde sein Sarg in der Nacht vom 20. zum 21. Februar 1546 in der Marktkirche aufgestellt.

Information: Evangelische Marktkirchengemeinde Halle,
An der Marienkirche 2, 06108 Halle (Saale), ✆ (03 45) 517 08 94,
🖷 517 08 94, Internet: www.marktkirche-halle.de
Öffnungszeiten: Mo.-Sa. 10-17, So. 15-17 Uhr
Führung: Sa. 15 Uhr
Orgelmusik: Di. 16, Do. 12 Uhr
Gottesdienst: Sa. 18, So. 10 Uhr
Morgenandacht: Do. 9 Uhr

3 Kühler Brunnen

Wo heute am Markt ein griechisches Restaurant zur Einkehr einlädt, steht die Marktseite des „Kühlen Brunnens“, das Stadtpalais von Hans von Schönitz (Schenitz) (1499–1535), dem Kämmerer (Leiter des Finanzwesens) und Baumeister Kardinal Albrechts. Die Wohn- und Wirtschaftsgebäude dehnen sich bis zur Parallelstraße, der Großen Nikolaistraße, aus (heute Hallesches Brauhaus). Mit dem Vorwurf der Veruntreuung wurde Schönitz 1535 durch den Strang hingerichtet. Es heißt jedoch, er habe sich durch Beanspruchung einer der Mätressen Albrechts die Gunst seines Herrn verscherzt (vgl. Göbelbrunnen, S. 76 f.).

4 Marienbibliothek

An der Südseite der Marktkirche befindet sich die älteste evangelische Kirchenbibliothek Deutschlands. Schon Luther hatte zur Bildung des Volkes die Gründung von „Libereyen“ gefordert. Die Geldspende 1552 des halleschen Bürgers Matthias Scheller an die Mariengemeinde zum Ankauf von elf gebundenen Werken Martin Luthers markiert den Beginn der Marienbibliothek. 1580 vermachte Georg von Selmenitz die Büchersammlung seiner Mutter Felicitas von Selmenitz, die in persönlicher Verbindung zu Luther, Melanchthon, Bugenhagen und Justus Jonas gestanden

Am „Goldenen Schlösschen"

hatte, der Bibliothek. Einer der größten Schätze der Sammlung ist die erste gedruckte Ausgabe der Lutherbibel von 1534 mit Martin Luthers eigenen Notizen. Der heutige Bestand umfasst über 30.000 Bände, über 600 Inkunabeln (Drucke vor 1500), 308 Handschriften, 229 Urkunden und ca. 8.000 Gesangbücher vorwiegend aus dem 13. bis 18. Jahrhundert.

Information: Marienbibliothek, An der Marienkirche 1, 06108 Halle (Saale), ✆ (03 45) 517 08 93, 🖷 517 08 94
Öffnungszeiten: Mo./Do. 14-17 Uhr
Führungen: Mai-Okt. am 1. Di. des Monats 15 Uhr, ansonsten nach Vereinbarung (nur im Sommer).

5 Goldenes Schlösschen

Eine Tafel erinnert daran, dass Luther in dem damaligen Gasthof „tu dem guldyn slosze" (1471) am 5. August 1545 übernachtete. Dort traf er sich mit Justus Jonas und predigte am gleichen Tag in der Marktkirche. Über dem gotischen Portal sind ein mittelalterliches Vorhängeschloss, zwei Köpfe und zwei krokodilähnliche Ungeheuer zur Abwehr böser Geister und Dämonen zu sehen.

Franckesche Stiftungen, Hauptgebäude

Justus Jonas d.Ä. (1493-1555), eigentlich Jodocus Koch

Aus dem Kreis der Erfurter Humanisten kommend wurde er im Juni 1521 Propst des Wittenberger Allerheiligenstifts und Professor, zunächst für kanonisches Recht. Bald darauf wechselte er in die theologische Fakultät. Als enger Mitarbeiter und Freund Martin Luthers unterstütze er diesen in der Bibelübersetzung und übersetzte die lateinischen Schriften des Reformators und Melanchthons. Jonas war ein Vertreter der Priesterehe und heiratete im Februar 1522. 1541 wurde er als Prediger in der halleschen Marktkirche angestellt und wirkte maßgeblich an der Einführung der Reformation in Halle, Leipzig, Naumburg und Zerbst mit. Jonas verfasste mehrere Kirchenordnungen. Er begleitete 1521 Luther u.a. auf den Reichstag nach Worms, 1529 zu den Religionsgesprächen nach Marburg, 1530 zum Reichstag in Augsburg, und auf der letzten Reise des Reformators nach Eisleben. Er stand Luther auch in seiner Todesstunde bei.

6 Franckesche Stiftungen

Die von August Hermann Francke (1663–1727) gegründeten Erziehungsanstalten, Zentrum des halleschen Pietismus, sind Partner der Lutherdekade. Der evangelische Theologe und Pädagoge ließ ab 1698 eine Schulstadt einrichten, die für damalige Verhältnisse sehr großzügig angelegt war: Waisenhaus und mehrere Schulen, denen die Cansteinische Bibelanstalt, eine Reihe von erwerbenden Anstalten wie Verlag, Druckerei, Buchhandlung sowie Apotheke mit Medikamentenhandel und landwirtschaftliche Güter angehörten. Sie sollte zum Ausgangspunkt weltweiter Veränderungen werden. Der Pietismus als die nach der Reformation wichtigste Reformbewegung im deutschen Protestantismus vertrat eine intensivierte Frömmigkeit wie auch die Praxis christlichen Lebens und Handelns und hatte eine Erneuerung der Kirche, eine „neue“ Reformation zum Ziel. Die Cansteinische Bibelanstalt, die älteste der Welt (1710), setzte das Anliegen Luthers um, die Bibel nicht nur allgemein verständlich, sondern auch erschwinglich zu machen. Die seit 1991 öffentlich-rechtliche Stiftung fungiert heute als kulturelles, pädagogisches, wissenschaftliches und soziales Zentrum. Das historische Gesamtensemble steht aufgrund seiner nationalen und internationalen Bedeutung auf der Vorschlagsliste zum UNESCO-Weltkulturerbe. Zu sehen sind die Ausstellungen im Historischen Waisenhaus und Franckes Wohnhaus, Schulgebäude aus vier Jahrhunderten, die Historische Bibliothek sowie die Kunst und Naturalienkammer der Barockzeit.

Information: Franckesche Stiftungen, Franckeplatz 1, 06110 Halle (Saale), ✆ (03 45) 212 74 50, Internet: www.francke-halle.de
Öffnungszeiten: Historisches Waisenhaus mit Kunst- und Naturalienkammer, Waisenhauskabinett Di.-So. 10-17 Uhr, Francke-Wohnhaus Mo.-Fr. 9-18 Uhr, Sa./So. 10-17 Uhr, Historische Bibliothek Di.-So. 10-12 und 14-16 Uhr
Führungen: „Der Stifter und sein Werk", jeder 1. und 3. So. im Monat 14 Uhr und auf Anfrage; „Pietistischer Aufbruch als zweite Reformation" und weitere Themenführungen auf Anfrage

7 Moritzkirche

Die spätgotische Hallenkirche, ab 1388 neu errichtet, ist die älteste erhaltene Pfarrkirche der Altstadt. 1541 nahm Justus Jonas die Moritzkirche in Besitz. Den Halloren, den Salzwirkern, diente sie Jahrhunderte lang als Ersatz für die im 16. Jh. abgerissene Gertraudenkirche. Seit 1970 ist sie katholisch, da für die Bewohner von Halle-Neustadt (jetzt Stadtteil von Halle) eine Kirche benötigt wurde. Sehenswert sind innen die von Conrad von Einbeck (1360–1428) geschaffenen Bildwerke, besonders der „Schellenmoritz" am dritten Südpfeiler (1411). Man beachte auch den spätgotischen Flügelaltar (um 1511) und die Kanzel (1592). Ein Kuriosum in einer katholischen Kirche ist das Lutherbild.

Die Moritzkirche

Information: Katholisches Pfarramt St. Mauritius und Paulus, Mauerstr. 13, 06108 Halle (Saale), Pfarrbüro des Gemeindeverbundes Halle-Mitte, ✆ (03 45) 2 31 02 21, Di. 10-12, 13-17, Do. 13-15 Uhr
Öffnungszeiten und Führungen: im Sommer Di.-Fr. 15-17, im Winter Di.-Fr. 14-15 Uhr
Gottesdienst (katholisch): Sa. 18, So. 10.30 Uhr

8 Hallmarkt

Auf dem einstigen Gelände der Saline zu Halle ist der Göbelbrunnen (1998) von reformationsgeschichtlichem Interesse. Die Figurengruppe an

Göbelbrunnen mit Kardinal Albrecht

Der „Dom“

der Nordostecke hatte unter der katholischen Christenheit zunächst für Empörung gesorgt, da sie den nackten Kardinal Albrecht mit einer Mitra auf dem Kopf mit einer seiner Mätressen zeigte. Daraufhin ließ der Künstler Bernd Göbel die Mitra entfernen. Als Kompromiss stehen dem Kardinal „nur“ die Haare zu Berge. Auf der anderen Seite hält die Hand der Dame jedoch die eines anderen Mannes, des Hans von Schönitz (s. S. 73), der auf der Burg Giebichenstein hingerichtet wurde. Luther und der Kardinal sind in der Bodenplatte davor verewigt.

9 Neue Residenz

Kardinal Albrecht hatte große Pläne mit Halle und wollte es zur schönsten Stadt Deutschlands machen. Mit der Einrichtung des „Neuen Stifts“ sollte eine katholische Universität in Konkurrenz zur lutherisch-protestantisch geprägten Alma Mater in Wittenberg gegründet werden. Sie wurde jedoch niemals eingeweiht. Der Name „Neue Residenz“ stammt von der Nutzung als Stadtschloss. In Kardinal Albrechts Kapelle ist heute ein Teil des Geiseltalmuseums untergebracht. Der schöne Innenhof lohnt einen Besuch.

10 Dom

Unter einem Dom stellt man sich meist einen mächtigen Sakralbau vor. Halles „Dom“ wirkt vergleichsweise bescheiden. Ursprünglich handelte es sich hier um eine Klosterkirche St. Pauli zum Heiligen Kreuz. Kardinal Albrecht ließ sie zur Kardinalstiftskirche umbauen. Da er einige bauliche Veränderungen vornahm, z. B. die Aufsetzung des Giebelkranzes mit den Kugeln (hallesche Renaissance), heißt es, die Hallenser spotteten über seinen „Dom“ und im Laufe der Jahre prägte sich diese Bezeichnung ein. Kardinal Albrecht stattete die Stiftskirche prachtvoll aus und brachte das Hallesche Heiltum, einen Reliquienschatz, hier unter, dessen Weisung 39 Millionen Jahre Ablass verhieß. 1517 bat Luther ihn in einem Brief, dem Ablassgeschäft ein Ende zu bereiten. Die Thesen schickte er als Beilage. Kardinal Albrecht kam dieser Aufforderung zur theologischen Diskussion jedoch nicht nach. Die Ausstattung der Stiftskirche nahm er 1541, als er Halle verließ, mit. Heute ist sie größtenteils verstreut oder vernichtet und nur in dem halleschen Heiltumsbuch von 1526 noch nachweisbar, dem ersten Kunstkatalog der Neuzeit. Geblieben aus dem 16. Jh. sind die Kanzel, 17 Pfeilerstatuen, die Weihetafel und das Chorgestühl, ergänzt von diversen barocken Einbauten. 1702/03 wirkte Georg Friedrich Händel hier als Organist.

Information: Dom zu Halle, Domplatz 3, 06108 Halle (Saale),
✆ (03 45) 2 02 13 59, 🖷 2 02 13 29, Internet: www.dom-halle.de
Öffnungszeiten und Führungen: Juni–Okt. tägl. 14–16 Uhr, ansonsten nach Vereinbarung
Gottesdienst: So. 10.05 Uhr, im Winter im Gemeindehaus, Kleine Klausstr. 6

11 Grünewalddenkmal

Kardinal Albrechts Hofmaler Matthias Grünewald (eigentlich Mathis Gothart Nithart, † 1528 in Halle) war neben Albrecht Dürer einer der bedeutendsten Maler am Übergang von der Spätgotik zur Renaissance. Die um 1520 für das Neue Stift (s. o.) geschaffene Erasmus-und-Mauritius-Tafel (Albrecht als Erasmus) wird heute in der Alten Pinakothek in München aufbewahrt. Kurz vor seinem Tode wurde Grünewald in Halle von Kardinal Albrecht als Wasserkunstmacher für die Bauaufsicht über eine Wasserversorgung der Moritzburg (s. u.) und der Stadt engagiert.

Das Grünewalddenkmal

Die Moritzburg

12 Moritzburg

Die Moritzburg wurde 1503 als Zwingburg der Erzbischöfe von Magdeburg gegen die Stadt Halle errichtet. Noch heute sind zahlreiche Schießscharten in Stadtrichtung zu erkennen. Der erste Erzbischof, der hier residierte, war Ernst von Wettin. Sein Nachfolger, Kardinal Albrecht, feierte hier glanzvolle Feste, sehr zum Ärger Martin Luthers, der die Moritzburg als „Hurenhaus“ bezeichnete. Heute ist hier die Stiftung Moritzburg, Kunstmuseum des Landes Sachsen-Anhalt, untergebracht. Neben der großen Sammlung an moderner Kunst ist auch das Talamt mit dem Fest- und Gerichtszimmer der Halloren, der Salzwirker, sehenswert. Die Maria-Magdalena-Kapelle (1509) wurde 1514 von Kardinal Albrecht neu geweiht und diente einige Jahre zur Aufbewahrung seiner Reliquiensammlung (s. o.). Heute ist sie Heimstatt der evangelisch-unierten Universitätskirchengemeinde und der Evangelisch-Lutherischen Kirchengemeinde Halle (Saale) zu St. Magdalena.

Information: Stiftung Moritzburg – Kunstmuseum des Landes Sachsen-Anhalt, Friedemann-Bach-Platz 5, 06108 Halle (Saale),
✆ (0345) 212590, 🖷 2029990, Internet: www.stiftung-moritzburg.de
Öffnungszeiten: Museum Di. 11–20.30, Mi.–So. 10–18 Uhr,
Kapelle Di./Do. 14–18 Uhr
Führungen: nach Anfrage, Museumspädagogik (Di.–Fr. 14–16 Uhr),
✆ (0345) 21259-40/48/55

13 Betsäule

Am Universitätsring steht seit 1970 die freistehende Betsäule (vgl. Zappendorf, S. 61), die 1455 kurz nach zwei großen Pestepidemien errichtet wurde, daher auch als Pestsäule bezeichnet. Ihr ursprünglicher Standort war auf dem Riebeckplatz, dem einstigen Galgplatz, wo sich früher die alten Richtstätten Galgen und Rabenstein vor dem Galgtor befanden. Zum Tode Verurteilte fanden vor der Hinrichtung wie auch Reisende auf der Straße nach Leipzig, Delitzsch, Magdeburg und Merseburg bei ihr Kraft und Trost im Gebet. Zu sehen sind Christus am Kreuz mit Maria, Maria Magdalena und Johannes, auf der anderen Seite der kreuztragende Christus.

Die Betsäule an der Universität

14 Martin-Luther-Universität

Die hallesche Universität wurde 1694 eröffnet, die wittenbergische schon 1502. 1817 wurden beide als „Vereinigte Friedrichs-Universität" zusammengelegt. Seit 1933 trägt sie den Namen Martin Luthers. Die beiden unterschiedlichen Gründungsdaten führten dazu, dass 1994 300 Jahre Martin-Luther-Universität Halle-Wittenberg und 2002 das 500-jährige Bestehen gefeiert wurden. Im 19. Jh. erfolgte der Neubau des Universitätshauptgebäudes (Löwengebäude) auf dem Gelände des einstigen Barfüßerklosters, später Stadtgymnasium. Heute sind die Institute in der Stadt verteilt. Die Universität hat ca. 18.000 Studenten aller Fachrichtungen. Im Hauptgebäude befindet sich ein Universitätsmuseum. Am Eingang zur Aula stehen die Büsten von Luther und Melanchthon (1930/31 von Gerhard Marcks).

Information: Martin-Luther-Universität Halle-Wittenberg, Universitätsplatz, 06099 Halle (Saale), ✆ (03 45) 5 52 17 32, Internet: www.uni-halle.de

Öffnungszeiten und Führungen: Hauptgebäude Mo.-Fr. frei zugänglich, Aula, Sessionssaal und historischer Hörsaal nach Voranmeldung. Museum Di.-Fr. 11-13, 14-18, So. 14-18 Uhr

Die an das ehemalige Kloster erinnernde Barfüßerstraße führt zurück zum Marktplatz.

Übernachtung

€€€ Kempinski Hotel Rotes Ross Halle-Leipzig
Leipziger Straße 76 / Franckestr. 1, 06110 Halle (Saale), ✆ (03 45) 23 34 30, 🖷 23 34 36 99, Internet: www.kempinski-halle.de
Gemütlicher Luxus inmitten der City: 73 Zimmer und 15 Suiten geschmackvoll und individuell eingerichtet. Jeder erdenkliche Service. Ruhig an der Fußgängerzone gelegen, mit Parkhaus, Wellness- und Fitnessbereich, Kosmetikstudio. Restaurant „Kleines Ross" mit freundlichem Wintergarten und Sommerterrasse, Bar, Bibliothek und echtem Kamin, Veranstaltungsräume von rustikal bis italienisch. Angeschlossen ist das Kempinski Congress Centre für bis zu 1.000 Gäste. Lassen Sie sich verwöhnen ...

€€€ Dorint Charlottenhof Halle (Saale)
Dorotheenstr. 12, 06108 Halle (Saale), ✆ (03 45) 2 92 30, 🖷 2 92 31 00, Internet: www.dorint.com/halle
Komforthotel in ruhiger Lage. Kino gegenüber.

€€€ Apart-Hotel Halle
Kohlschütterstr. 5, 06114 Halle (Saale), ✆ (03 45) 5 25 90, 🖷 5 25 92 00, Internet: www.apart-halle.de
Thematische Zimmer, darunter eine Dr.-Martin-Luther-Suite, die Wände mit Luthermotiven. In der nördlichen Innenstadt nahe dem Landesmuseum für Vorgeschichte.

€€ Hotel am Steintor
Krukenbergstr. 29, 06112 Halle (Saale), ✆ (03 45) 50 09 60, 🖷 5 00 96 13, Internet: www.am-steintor.de
Moderne Zimmer, gutes Preis-Leistungsverhältnis. 10 min zum Markt.

€€ Pension am Alten Markt
Schmeerstr. 3, 06108 Halle (Saale), ✆ (03 45) 5 21 14 11, 🖷 5 21 14 12, Internet: www.service-in-halle.de/pension
Kleine Pension in der Stadtmitte. Frühe Buchung anzuraten.

€ Jugendherberge Halle
August-Bebel-Str. 48a, 06108 Halle, ✆ (03 45) 2 02 47 16, 🖷 2 02 51 72, Internet: www.jugendherberge.de/jh/halle
Gepflegte Herberge, 15 min zum Markt. Wanderer und Radfahrer willkommen.

7. ETAPPE

Gastronomie

€€ Restaurant Mönchshof
Talamtstr. 6, 06108 Halle (Saale), ✆ (03 45) 2 02 17 26,
℻ 2 09 10 65, Internet: www.moenchshof-halle.de
Mo.-Sa. 11-24, So. 11-15 Uhr
Traditionsgaststätte mit raffinierter deutscher Küche.

€€ Drei Kaiser
Bergstr. 1, 06108 Halle (Saale), ✆ (03 45) 20 31 68,
Internet: www.dreikaiser.com, tägl. ab 11.30 Uhr
Deutsche und internationale Küche in historischem Ambiente. Urige Einrichtung, thematische Wochen.

€€ Osteria da Salvatore
Bergstr. 7, 06108 Halle (Saale), ✆ (03 45) 6 81 96 10, tägl. 11-24 Uhr
Edle italienische Speisen.

€€ Hermes
Marktplatz 15, 06108 Halle (Saale), ✆ (03 45) 6 86 97 44, tägl. 11-24 Uhr
Griechisches Restaurant mit abwechslungsreichen Speisen. In einem Teil des Schönitz-Hauses am Markt.

€-€€ Weinkontor
Robert-Franz-Ring 21, 06108 Halle (Saale), ✆ (03 45) 2 00 33 51,
E-Mail: weinkontor-am-dom@freenet.de, tägl. ab 17 Uhr
Weinlokal mit kleinen erlesenen Speisen. An der Saaleseite mit Blick auf den Dom.

€ Grober Gottlieb
Große Märkerstr. 20, 06108 Halle (Saale), ✆ (03 45) 2 02 88 72
tägl. 11-1 Uhr
Rustikale Gaststätte in Marktnähe, deutsche Küche, Speisekarte auf Hallesch.

Burg Giebichenstein

Abschnitt 3: Der nordöstliche Saalekreis

Der nordöstliche Saalekreis ist von drei unterschiedlichen Landschaften geprägt: dem Götschetal, dem Landschaftsschutzgebiet Petersberg und der Leipziger Tieflandsbucht. Die Götsche entspringt bei Merbitz und mündet nach ca. 14 km bei der Franzigmark in die Saale. Der Lutherweg steigt ab Halle sanft an. Den Höhepunkt bildet der Petersberg, mit 250 m die höchste Erhebung weit und breit. Schon zu Beginn der Tour ist er als markanter Punkt weithin sichtbar. Das Gebiet rechts der Saale war einst Vulkanlandschaft, der Petersberg ein Vulkankegel. Heute herrscht hier eine Porphyrkuppenlandschaft vor, die in Halle (Reilsberg, Galgenberg) beginnt, sich über Gutenberg, Nehlitz und dem Abatassinenberg fortsetzt und im Landsberger Kapellenberg ihren Abschluss findet. Die anfangs hügelige, zum Teil bewaldete Gegend geht ab Niemberg in die norddeutsche, von Ackerbau geprägte Tiefebene über.

8. Etappe: Von Halle-Giebichenstein nach Teicha (12 km)

Giebichenstein - Franzosenstein - Gutenberg - Räthern - Teicha

Ab Halle folgt der Lutherweg der Radroute Halle-Petersberg. Auf der Fahrradstraße beginnt die historische Straße von Halle nach Magdeburg, die, am Franzosenstein vorbei, über Gutenberg und Nehlitz, dann weiter nach Wieskau führte und bis zum Ende des 18. Jh. noch in Betrieb war. In alten Zeiten waren die Niederungen des Götschetals wegen Feuchtigkeit und Sümpfen oft unpassierbar. Daher führte der Weg oberhalb der Überflutungsgrenze entlang.

Nach dem Abstecher durch Halle geht es zurück zur Burg Giebichenstein und weiter an der Saale entlang. Der Lutherweg biegt bald nach rechts ab. An der Seebener Straße, in die links einzubiegen ist, bieten sich rechts zwei empfehlenswerte Einkehrmöglichkeiten zum Auftakt der Tour.

Gastronomie

€ Objekt 5 mit Restaurant „Ruine"
Seebener Str. 5, 06114 Halle (Saale), ✆ (03 45) 47 82 33 60,
Internet: www.objekt5.de
tägl. ab 11 Uhr
Schönes Restaurant auf mehreren Etagen, idyllischer Biergarten. Große Nudelgerichte.

€ Café Schade
Seebener Str. 20, 06114 Halle (Saale), ✆ (03 45) 5 23 15 51
Mo.-Sa. 9-18, So. 10-18 Uhr
Traditionsreiches Café mit kleinen Speisen. Gute Auswahl an Kuchen.

Nach Unterquerung der Bahnlinie führt der Lutherweg weiter über den Küttener Weg. Das Dorf Kütten liegt am Lutherweg in der Nähe des Petersberges (s. S. 94 f.). An Gartenanlagen vorbei wird Halle auf der Verlängerten Mötzlicher Straße verlassen. Auf der Fahrradstraße ist nach einiger Zeit linker Hand die erste Sehenswürdigkeit auf dieser Etappe erreicht.

Der Franzosenstein

Einsam steht der ca. 1,80 m große aufrechte Stein unter einem Kastanienbaum am Feldrand. Solche aufrechten Steine werden Menhire genannt, was aus bretonisch *men hir* „langer Stein" abzuleiten ist. Menhire wurden in prähistorischer Zeit, vermutlich in der Jungsteinzeit, zu kultischen, vermutlich religiösen Zwecken errichtet. Trotz aller Spekulationen bleibt ihre genaue Funktion ungewiss. Der Name „Franzosenstein" stammt der Sage nach von einem gefallenen Offizier, der Stein wurde als sein Grabstein verstanden. Vermutlich steht er aber schon seit Tausenden von Jahren hier. In der Ferne wird der Petersberg sichtbar.

Gutenberg

Schon vor dem Ort ist vom Lutherweg aus die Kirchturmspitze von Gutenberg erkennbar. Die Kirche steht in der Mitte des Ortes auf einem Hügel, dem Kirchberg, wo auch Wallreste einer frühen Burganlage gefunden wurden. Einst waren die Höhen um Gutenberg bewaldet. Auf dem Lutherweg

Der Franzosenstein

Alte Trockenmauer

Teicha
Räthern
Gutenberg
E11
B 6
Götsche
Saale
Franzosenstein
E11
Burg
Giebichen-
stein
Halle (Saale)

wird auf einem alten Hohlweg, heute geteert, einer der letzten Gehölzreste passiert. Am Sportplatz wendet man sich links zum Ort.

Aufstieg zur Kirche

Seit 2006 ist Gutenberg (ursprünglich „Godeberg“) ein Ortsteil der Gemeinde Götschetal. Das Dorf hat eine lange Geschichte, die bis in die Germanenzeit zurückgeht. „Gode“ könnte auf „Wodan“, den Herrn und König der Götter und Menschen, Künder der höchsten Weisheit, sieghafter Kämpfer und Gott der Schlachten, deuten. Ortsprägend ist die Kirche St. Nikolaus (13. Jh.), die sich 25 m über der Talsohle erhebt. Der heilige Nikolaus war im 12. Jh. ein beliebter Namensgeber für Kirchen der Gegend (z. B. Nikolai-Stift zu Magdeburg). Der Bischof von Myra (4. Jh.) gilt u. a. als Schützer gegen alle Wassergefahren, als Fürsprecher der Schiffer, Fischer und sonstigen Wasseranwohner. Am 6. Dezember wird sein Feiertag begangen. Dann beschenkt er traditionell die Kinder.

In die im Kern spätromanische Kirche (1. H. 13. Jh.) geht es durch die sehenswerte Innentür von 1769 hinein (s. Foto S. 11). Die schmiedeeisernen Beschläge bestehen aus zwei Bändern zu drei paarweise geordneten, dreiblättrigen Ästen. Innen beachte man den Taufstein (1556) und links neben dem Altar das Epitaph (1565) des Albrecht von Hacke (1503–1565), der vermutlich die Reformation in Gutenberg eingeführt hat. Zu sehen ist ein geharnischter Ritter mit Kruzifix.

Die Gutenberger Kirche

Blick in den Altarraum

Information: Fam. Winkler, Dorfstr. 16, 06193 Götschetal, OT Gutenberg, ✆ (03 46 06) 2 04 63
Öffnungszeiten: Schlüssel bei Fam. Winkler (s. o.), gelbes Haus.
Gottesdienst: So. 9 Uhr

Lutherweg zum Petersberg

Der Lutherweg führt weiter in Richtung Norden, am ehemaligen Rittergutspark vorbei zur kleinen Talsiedlung Räthern.

Räthern

Der sorbische Rundling Räthern hat seinen Namen vermutlich von einer Rodung erhalten. 1370 ist er erstmals als Roytir, Royte erwähnt. Seit 1550, wo der Ort sieben Häuser zählte, dürfte er sich kaum verändert haben. Der Thomas-Müntzer-Platz erinnert an den Theologen (1490–1525), der auch mit der Reformation und dem Bauernkrieg eng verwoben ist. An der Spitze eines Bauernheeres stehend wurde er im Mai 1525 verhaftet, gefoltert und in der Nähe von Mühlhausen hingerichtet. Heute gehört Räthern zum unweit gelegenen Ort Teicha, Gemeinde Götschetal.

Teicha

Bereits 961 wurde Teicha urkundlich als Dyke oder Tyche erwähnt, was auf einen großen Teich deutet. Die Götsche durchfließt das Dorf von Norden nach Süden. Nachdem Teicha zum Amt Giebichenstein gehörte, kam es 1120 in den Besitz des Petersberger Klosters, das besonders die Dörfer im Götschetal zu christianisieren suchte. Auf dem Kirchhügel, wo sich einst eine vorchristliche Kultstätte befand, thront die Dorfkirche St. Mauritii. Vor dem südlichen Eingang erinnern zwei „Heidensteine“ an

Das Sakramentshäuschen

8. ETAPPE

Der Altar

alte Zeiten. An der Südostecke des Turms, oberhalb der Glocke von 1924, befindet sich ein „Köpfchen", dessen Bedeutung unklar ist. Der Sandsteinquader an der Südwestecke zeigt Schleifspuren, die darauf schließen lassen, dass hier früher Schwerter oder Äxte geschliffen wurden. Der Baubeginn der Kirche ist ungewiss. Die Reformation wurde 1547 eingeführt. Der erste Pastor der lutherischen Kirche war Gallus Glöckner.

Spätromanisch sind der Turm mit romanischen Kapitälen und das Schiff. Der Chor stammt aus gotischer Zeit, die südlichen Anbauten (Sakristei und Eingangshalle) aus der Barockzeit. Das gotische Sakramentshäuschen (Mitte 14. Jh.) mit spitzbogig umrahmter Rundbogentür ist zur selben Zeit wie der Chor entstanden, spätgotisch ist der Flügelaltar. In der Mitte sind Maria mit dem Jesuskind, links der heilige Moritz, rechts ein anderer Heiliger, in beiden Flügeln je eine weibliche Heilige zu sehen. Man beachte die Kanzel von 1591, die von drei Bürgern gestiftet wurde: Paulus Hahn, Friedricus Schaf und Benedictus Steuben. Die lateinische Inschrift lautet übersetzt: „Hierher baute Paul Hahn gläubigen Herzens diese Kanzel im Namen der Dreieinigkeit Gottes im Jahre 1591."

Öffnungszeiten und Führungen: nach Absprache, Pfarramt Teicha, Dorfplatz 19, 06193 Götschetal, OT Teicha, ✆ (034606) 20333
Gottesdienst: So. 10.30 Uhr

8. ETAPPE

Übernachtung

€€ Oldtimergaststätte & Pension „Zur Linde"
Am Kulturhaus 2, 06193 Götschetal, OT Teicha, ✆ (034606) 35893, Internet: www.raschas-motorrad.de. Mit Gaststätte (Mo. Ruhetag).

Gastronomie

€ Gasthaus zu Teicha
Dorfplatz 2, 06193 Götschetal, OT Teicha, ✆ (034606) 20281
Mo. 16-24, Mi./Do. 12-14, 16-24, Fr. 12-14, 17-24, Sa. 12-14, ab 16, So. 10-14, ab 16 Uhr
Traditionsgaststätte in der Ortsmitte. Gutbürgerliche Küche, Schnitzelspezialitäten, Terrasse.

9. Etappe: Von Teicha nach Brachstedt (16 km)

Teicha - Nehlitz - Petersberg - Bergholz - Kütten - Abatassinenberg - Brachstedt

Der Petersberg

Nördlich von Nehlitz erreicht der Wanderer das Landschaftsschutzgebiet Petersberg, das sich im Westen bis nach Brachstedt, dem Ziel dieser Etappe, erstreckt. In der Mitte erhebt sich der Petersberg und überragt mit seinen 250 m die ganze Umgebung. Hier befand sich einst das Stammkloster der Wettiner. Das Naturschutzgebiet Bergholz und der Abatassinenberg sind Reste einer einst ausgedehnten Waldfläche, die früher bis Brachstedt reichte. Auch machen mehrere Sehenswürdigkeiten den Petersberg als Naherholungsgebiet der Hallenser attraktiv.
Nach dem Teichaer Ortsteil Löbnitz verläuft der Lutherweg durch ein liebliches Tal parallel der Götsche. Unter der Autobahnbrücke hindurch geht es zum nächsten Ort.

Nehlitz

Die heutige Größe von Nehlitz lässt kaum erahnen, dass der Ort einst dem Gau Neletici seinen Namen gab und sein Hauptort war. In einer Schenkungsurkunde von 961 übertrug Otto I. (936–973) den gesamten Gau Neletici mit all seinem Zubehör dem Kloster des heiligen Moritz in Magdeburg. Dieser Gau erstreckte sich einst vom Nordosten bis zum Südosten von Halle.

Gastronomie

€ **Gaststätte „Rotes Haus"**
Rotes Haus 4, 06193 Götschetal, OT Nehlitz, ✆ (03 46 06) 2 02 54,
🖷 2 98 07, Internet: www.gaststaette-roteshaus.de
Di. ab 16, Mi.-So. ab 12 Uhr
Historische Gaststätte, 1861 auf den Grundmauern der „Roten Schenke" errichtet. Gutbürgerliche, wohlschmeckende Küche.

Die Straße wird verlassen, der Feldweg führt in Richtung Petersberg. Rechter Hand ist das Bergholz zu sehen (s. S. 94). Auf der Ackerfläche rechts des Weges war einst eine befestigte Siedlung, vermutlich der frühen Eisenzeit.

Der Petersberg

Auf dem Petersberg befanden sich schon früh eine befestigte Höhensiedlung sowie eine heidnische Kultstätte. Bis ins 14. Jh. wurde die markante Erhebung *mons serenus* „heller/klarer Berg“ oder *Lauterberg* (lauter = rein, hell, klar) genannt. Dies kann sich auf zweierlei beziehen: auf seine deutliche Silhouette oder auf seine Kahlheit, die einst „leuchtend“ wirkte, denn der Petersberg war bis Mitte des 19. Jh. unbewaldet. Eine Benennung als „heller Berg“ findet sich häufig für derartige Erhebungen, auf deren kahler Spitze einst heidnische Kultstätten waren. Man denke z. B. an den Belchen (1.414 m) im Schwarzwald, dessen Spitze unbewaldet ist. Sein Name stammt aus dem Keltischen und bedeutet der „Glänzende“. Auf dem Berg entstand im Zuge der Missionierung um 1000 vermutlich die erste steinerne Kapelle, deren Reste noch heute nördlich der Kirche zu sehen sind. Sein Name wurde in Petersberg umgewandelt. Die Sage macht ihn zur Wirkungsstätte des Teufels (s. Gütz, S. 101 f.).

Die Ruine

Gastronomie

€ Birkenhof
Hallesche Str. 16, 06193 Petersberg, © (01627) 331967, tägl. ab 11 Uhr
Einfache, solide Gaststätte mit Wildspezialitäten.

€ Pavillon Petersberg
Hallesche Str. 18, 06193 Petersberg, ©/🖷 (034606) 35710,
Internet: www.pavillon-petersberg.de
Di.-So. 11-18 Uhr, danach auf Vorbestellung.
Ausflugsgaststätte, regionale Küche, Kaffee und Kuchen, schöne Terrasse.

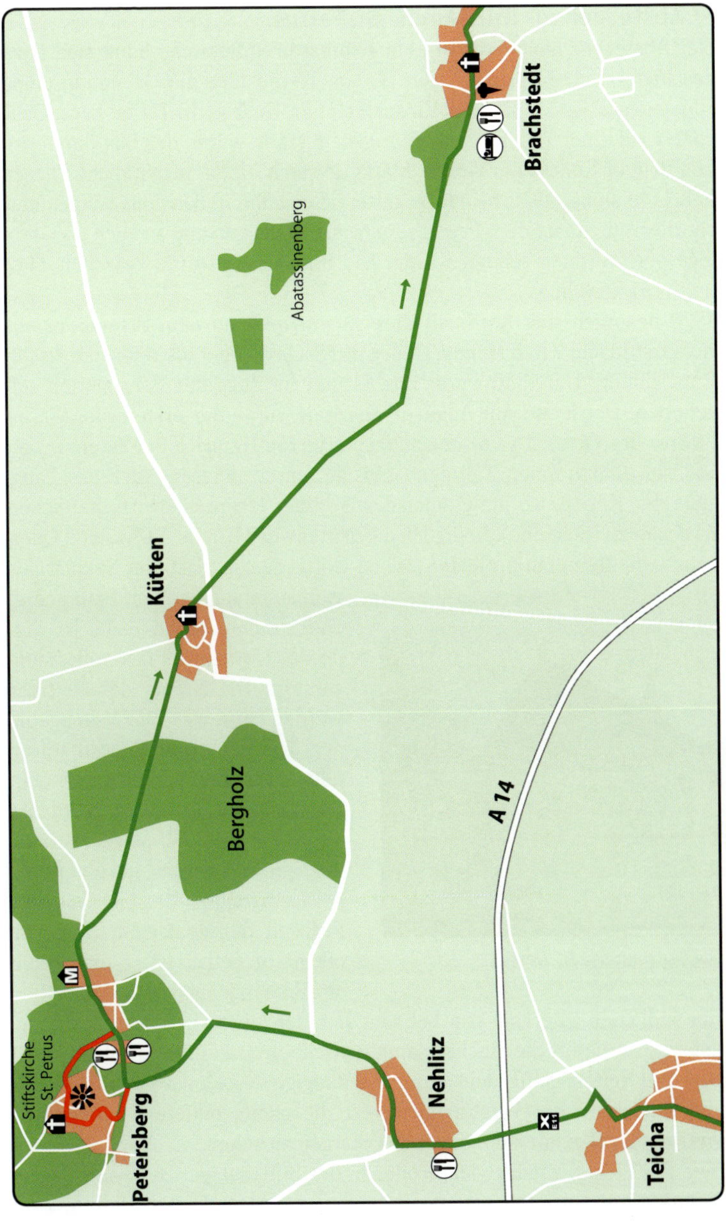
Brachstedt
Abatassinenberg
Kütten
Bergholz
A 14
Stiftskirche
St. Petrus
Petersberg
Nehlitz
Teicha

→ Abstecher zur Stiftskirche St. Petrus

Der Abstecher hinauf zur weithin sichtbaren Stiftskirche lohnt sich (ausgeschildert). 1124 plante Dedo IV. von Wettin hier die Gründung eines Klosters als Ersatz für das Eigenkloster in Gerbstedt. Da er kurze Zeit später auf einer Wallfahrt nach Jerusalem starb, wurde der Bau durch seinen Bruder Konrad der Große, Markgraf von Meißen, verwirklicht. Dieser ließ 1146 seine in Gerbstedt bestattete Gemahlin in das neue Augustinerchorherrenstift auf dem Petersberg bringen, das von nun an auch als Grablege der Wettiner genutzt wurde. Die Stiftskirche wurde zwischen 1142 und 1151 geweiht.

1523 besprach sich Kardinal Albrecht im April auf dem Petersberg mit Kurfürst Joachim und Herzog Georg von Sachsen über die reformatorische Entwicklung. Um 1540 wurde das Kloster im Zuge der Reformation aufgehoben. Der letzte Abt Augustin Bernreit wurde der erste evangelische Pfarrer des Ortes. Der protestantische Herzog Heinrich der Fromme von Sachsen führte einen Teil der Gebäude, unter anderem auch das Langhaus der Kirche, wo die Gräber der Wettiner lagen, landwirtschaftlichen Zwecken zu (Scheune). Lediglich die Ostteile der Kirche – Chor und Querhaus – dienten dem protestantischen Gottesdienst. Nach der Säkularisierung entstand das Amt Petersberg. Durch einem Brand im 16. Jh. wurde das Gotteshaus fast vollständig zerstört. Die Gräber der Wettiner wurden bereits 1567 nachgebildet. Die sonstigen Bauten waren einem raschen Verfall ausgesetzt. Ihr heutiges Aussehen verdankt die Stiftskirche der Wiederherstellung im 19. Jh. und gilt damit als herausragendes Beispiel aus der Frühzeit der deutschen Denkmalpflege. St. Petrus ist an die Straße der Romanik angeschlossen.

Die Stiftskirche St. Petrus

Am südlichen Querhausarm befindet sich der kleine Eingang. Das Langhaus weist die für die Hochromanik typische dreischiffige basilikale Form auf. Die Seitenschiffe sind durch rundbogige Arkaden vom Mittelschiff abgegrenzt. In der Westturmhalle ist die nachgebildete Grablege der Wettiner Grafen mit zehn liegenden Statuen zu sehen.

Seit 1999 leben wieder vier Brüder in der Stiftsanlage. Die evangelische Kommunität Christusbruderschaft Selbitz lädt zu Einkehrzeiten, zum

Mitleben und zur Teilnahme am Gottesdienst und an Stundengebeten ein. Sie versteht sich als „Gemeinschaft, die sich eine geistliche Struktur geschaffen hat, diese gegenwärtig lebt und Gäste zu deren Teilhabe einlädt.“ Kürzlich wurde das Kloster durch ein Brüderhaus, einen Informationsraum und das Stiftsgebäude (ehemaliges Pfarrhaus) erweitert und umgebaut.

Information: Brüdercommunität Christusbruderschaft,
Kloster Petersberg, Bergweg 11, 06193 Petersberg,
✆ (03 46 06) 2 04 09, 🖷 2 14 05, Internet: www.christusbruderschaft.org.
Übernachtung nur für angemeldete Gruppen.
Öffnungszeiten: Stiftskirche tägl. 8-22 Uhr (außer zum Gottesdienst)
Führungen: nach Anmeldung
Gottesdienst: So. 10.30 Uhr Abendmahl, 18 Uhr Vesper
Gebetszeiten der Mönche: Di.-Fr. 8, 12 und 18 Uhr (Besucher willkommen)

Weitere Sehenswürdigkeiten am Petersberg sind der Bismarckturm, der Goethebruch, der Tierpark, die Sommerrodelbahn und das Museum, das an der Ecke, wo die Straße nach Drehlitz abbiegt, bald erreicht ist.

Museum Petersberg

Das Museum wurde 1985 gegründet und ist in einem 1752 erbauten Vierseitgehöft, das einst als königlich-preußisches Forsthaus diente, untergebracht. Neben wechselnden Ausstellungen ist die Dauerausstellung sehr informativ. Gezeigt wird die Geschichte des ehemaligen Augustinerchorherrenstifts seit der ersten Missionierung, ein Überblick über Konrad von Wettin (um 1098–1157) und das Grafengeschlecht der Wettiner sowie eine Ausgabe der Biblia Germanica, Nürnberg 1765 nach Martin Luther. Von regionalem Interesse ist die Geschichte des historischen Saalkreises (jetzt Teil des Saalekreises).

Information: Museum Petersberg, Hallesche Str. 28, 06193 Petersberg,
✆ (03 46 06) 2 02 29 oder 3 57 76, 🖷 3 57 78,
Internet: www.museum-petersberg.de
Öffnungszeiten: Di.-So. 10-17 Uhr

Bald verlässt der Lutherweg die Straße nach Drobitz und biegt rechts in den Bergweg nach Kütten ein.

Das Bergholz

Das Bergholz erstreckte sich früher viel weiter nach Süden, wahrscheinlich bis Gutenberg (s. S. 84 ff.). Heute besteht es aus zwei Teilflächen, der Lutherweg führt durch die südliche. Wegen seines naturnahen winterlindenreichen Traubeneichen-Hainbuchenwaldes, einem der letzten Gehölzreste in der ansonsten waldfreien Ackerebene der Umgebung, sowie seiner artenreichen Brutvogelfauna sind Teile des Bergholzes als Naturschutzgebiet ausgewiesen. 1156 schenkten die Wettiner den Wald dem Augustiner-Chorherrenstift auf dem Petersberg. Das Klosterholz fiel im 16. Jh. mit dem Stift einem sächsischen Amt zu.

Kütten

Das 1248 erstmals urkundlich erwähnte Dorf Kütten ist als typisches Runddorf bereits der slawischen Siedlungsperiode zuzurechnen. 1665 wurde hier der bekannte Dramatiker Christian Reuter geboren, der als Begründer der deutschen Schelmenliteratur gilt. In seinem Roman „Schelmuffskys Warhafftig Curiöse und sehr gefährliche Reisebeschreibung zu Wasser und Lande“ (1696/97) prangert er satirisch die Wertvorstellungen des Bürgertums sowie die Wertansprüche des verarmten Adels an. Anerkennung fand er damit erst in der Zeit der Hochromantik (19. Jh.). Am 9. Oktober 1665 wurde er in der Küttener Dorfkirche getauft. Auf dem Dorfplatz steht sein Denkmal.

In die kleine, helle und freundliche Kirche (13. Jh.) führen zwei Türen: die Außentür aus Holz (1801) in den Anbau (ca. 1870) und die innere mit Renaissanceumrahmung (1628) in das hölzerne Muldengewölbe. Der älteste Teil ist der Turm, getrennt vom Schiff durch eine gotische Doppelarkade. Hinter dem Blockaltar (Anfang des 16. Jh.) befindet sich die Sakristei mit der Kanzel. Der Taufstein wurde 1680 von derer von Veltheims, Schlossherren zu Ostrau, gespendet. Die Orgel stammt von Wilhelm Rühlmann

In der Küttener Kirche

Das Weihekreuz

(1876). An der rechten Wand ist ein an die Wand gemaltes Weihekreuz (crux signata) zu sehen. Die Kirche hatte zahlreiche Umbauten erfahren und bei jeder Weihung kam ein neues Kreuz dazu. Insgesamt wurden vier gefunden. Im 19. Jh. fanden mehrere Umbauten statt, 2005 wurde die Kirche saniert. Ihr ursprünglicher Name ist nicht bekannt.

Information und Führungen: Frau Füssel, © (03 46 00) 2 57 95
Geistliche Beratung: Pfarrer Schulz, © (03 46 00) 2 02 84
Gottesdienst: ökumenische Gottesdienste alle drei Monate

Das letzte Stück auf dem Lutherweg von Kütten nach Brachstedt führt über Ackerland. Linker Hand ist ein Wäldchen zu sehen.

Der Abatassinenberg

Der Name des Porphyrhügels (149 m) deutet auf eine Äbtissin, denn das Waldstück soll einst einem Frauenkloster gehört haben. Das Abatassinenholz ist einer der Reste der einst ausgedehnten Waldflächen südlich des Petersbergs. Noch im 19. Jh. war es etwa zehnmal so groß wie heute. Auf seinen Mager- und Trockenrasenresten wächst das Knabenkraut.

Brachstedt

Brachstedt gehört zu den typischen Haufendörfern der vorslawisch-germanischen Siedlungsperiode. 952 wurde es erstmals urkundlich als *marca Brehstedi* erwähnt, als Otto I. Brachstedt u. a. seinem Vasallen Billung überließ. 966 machte er dies rückgängig und Brachstedt kam zum Erzbistum Magdeburg. Nach der Gründung des Klosters Neuwerk wurde Brachstedt Erzpriestersitz, dem 23 Kirchen unterstanden. Eingepfarrt waren auch Hohen, Wurp und Eismannsdorf. Patron war seit 968 der Erzbischof. Bis zur Reformation wurden in Brachstedt geistliche Gerichte (Sendgerichte) abgehalten, die über kirchliche Vergehen, z. B. die Heilighaltung von

Die Brachstedter Kirche

Romanische Reste über dem Eingang

Sonn- und Feiertagen urteilten. Im 15. Jh. war Brachstedt ein Wallfahrtsort.
An der Kirche St. Michael fallen die beiden gleichen Turmhelme (17. Jh.) ins Auge. Der ursprünglich romanische Bau aus dem 13. Jh. ist aber noch heute an dem sich deutlich abhebenden Turmgurtgesims erkennbar. In der Höhe sind einige romanische Fensterreste zu sehen, während die Spitzbogenfenster aus gotischer Zeit stammen. Ca. 1450 wurde das Mittelschiff im gotischen Stil vergrößert. Innen beachte man in der Nordwand das Sakramentshäuschen (15. Jh.), das schlichte Taufbecken (1573) und den spätgotischen Flügelaltar, in der Mitte Maria, Maria Magdalena und Petrus (Anfang 16. Jh.), eine Leihgabe aus Schlaitz. Aus dem 18. Jh. stammt die Kanzel, die Rühlmannorgel ist von 1897.

Information: Förderverein St. Michael-Kirche Brachstedt, Herr Rüprich ✆ (03 46 04) 2 03 34 oder Herr Mattaj, ✆ (03 46 04) 9 28 99
Öffnungszeiten und Führungen: Schlüssel bei Herrn Rüprich oder in der Gaststätte (s. u.)
Gottesdienst: So. 9 Uhr (unregelmäßig), Informationen bei Pfarrer Domke, ✆ (03 46 02) 5 01 11, E-Mail: st.domke@gmx.de

Übernachtung und Gastronomie

Deutsches Haus
Dorfstr. 7, 06188 Brachstedt, ✆ (03 46 04) 2 04 44
€ Pension; € Gaststätte Mo./Mi./Do. 15-22, Fr. 12-14, 15-24, Sa. 15-24, So. 10-13, 16-22 Uhr
Einfache kleine Pension und Gaststätte in der Ortsmitte. Hausmannskost und Tagesangebote.

Café Eiszeit
Dorfplatz 6, 06188 Brachstedt, ✆ (03 46 04) 2 04 29, Di.-So. 13-19 Uhr
Kleines Eiscafé gegenüber dem Deutschen Haus.

10. Etappe: Von Brachstedt nach Gütz (Landsberg) (13 km)

Brachstedt - Hohen - Burgstetten - Niemberg - Wölls-Petersdorf - Gütz

Diese Etappe ist von leicht hügeliger Landschaft mit wenig Wald geprägt. Vom Weg aus sind allerlei Erhebungen sichtbar, Ausläufer des Saalkreiser Porphyrplateaus: zunächst die Brachstedter Porphyrhöhen, dann der Burgstetten bei Niemberg und der Gützer Berg bei Landsberg. Den Abschluss bildet der Landsberger Kapellenberg, eine Porphyrkuppe, die aus dem Flachland herausragt (150 m).

Hohen

Der Name Hohen des kleinen Ortes, vermutlich eine deutsche Gründung aus dem 13. Jh., deutet auf eine Erhebung. Tatsächlich ist mit scharfem Auge vom Lutherweg aus, kurz vor der schrägen Linkskurve linker Hand auf dem Geisterhügel ein Grabhügel mit einem Menhir (vgl. S. 84), einem großen aufrechten Stein (1,67 m) zu sehen. Ein blaues Schild steht daneben. Es handelt sich um eine Menhirstele, die erst nach der Aufschüttung des Grabhügels hier aufgestellt wurde.

Nach dem Ort Hohen führt der Lutherweg an der ruhigen Landstraße entlang. Rechter Hand, wo ein Fußweg bei drei aufrechten Steinen abbiegt, ist das Flächennaturdenkmal Burgstetten zu sehen.

Burgstetten

Der Name des Hügels (139 m) deutet auf eine im 10. Jh. errichtete Burg, die zu der Verteidigungslinie Heinrichs I. zur Sicherung der Ostgrenze seines Reiches gehörte. Im 18. Jh. sollen noch Ruinen vorhanden gewesen sein. Vermutlich hatte es schon vorher eine slawische Burg auf dem Hügel gegeben, vielleicht sogar schon eine Befestigung in prähistorischer Zeit. Der Burgstetten gab als *nova urbs* „neue Burg“ (966 erstmals er-

Der Menhir auf dem Grabhügel

Burgstetten

wähnt) schließlich dem Ort Niemberg („neue Burg") seinen Namen. Die „alte Burg" hatte weiter unten, vermutlich an der Straße nach Oppin, gestanden. Die Sage berichtet von vielen kleinen Männlein, die im Berge wohnen. Nur Sonntagskinder können sie hören oder gar sehen. Um die Mittagszeit soll dort eine „Weiße Jungfrau" umgehen.

Wo der Lutherweg in Niemberg auf die Hallesche Straße trifft, steht an der linken Ecke das heute unscheinbare Haus „Alte Schmiede", die einstige Zollstation. Die alte Hohe- und Heerstraße von Leipzig nach Lüneburg führte hier durch das sumpfige Gebiet der Rieda. Nach dem Bau der Eisenbahnlinie 1840 wurde das Gebäude als Schmiede genutzt.

Niemberg

Neben „nova urbs" (s. o.) ist der Ortsname 1184 als Neyenburch, 1370 als Nyenborch, 1387 als Nienberg, und nach 1400 als Nyemberg belegt. Ab dem 12. Jh. besiedelte Erzbischof Wichmann Niemberg mit flämischen Siedlern, was zu einem gewissen Aufschwung führte. Denkbar, aber nicht erwiesen ist, dass Luther auf seinen Reisen von Wittenberg über Bitterfeld nach Eisleben auch in Niemberg vorbeikam. Der Straßenname „Lutherweg" im nahe gelegenen Wölls-Petersdorf (s. S. 101) deutet jedoch darauf hin.

St. Ursula

Zu Luthers Zeit war Niemberg bereits von seiner Kirche St. Ursula (vermutlich 11./12. Jh.) geprägt. Die heilige Ursula wurde der Legende nach im 4./5. Jh. wegen ihres Glaubens durch einen Pfeilschuss von einem Hunnen in Köln umgebracht. Die heutige Kirche St. Ursula aus regionalem Porphyr weist eine für die Region untypische Größe auf. Der Entwurf stammt von Friedrich August Stüler (1800–1865), einem Schüler Karl Friedrich Schinkels. Die Kirchweihe erfolgte am 24.10.1864. Sie wurde 1927–1929 renoviert und 1930 neu eingeweiht. Innen fällt gleich der spätgotische Flügelaltar (um 1520) ins Auge. Im Schrein sind Maria mit dem Kind sowie je zwei weibliche

Die Kirche St. Ursula

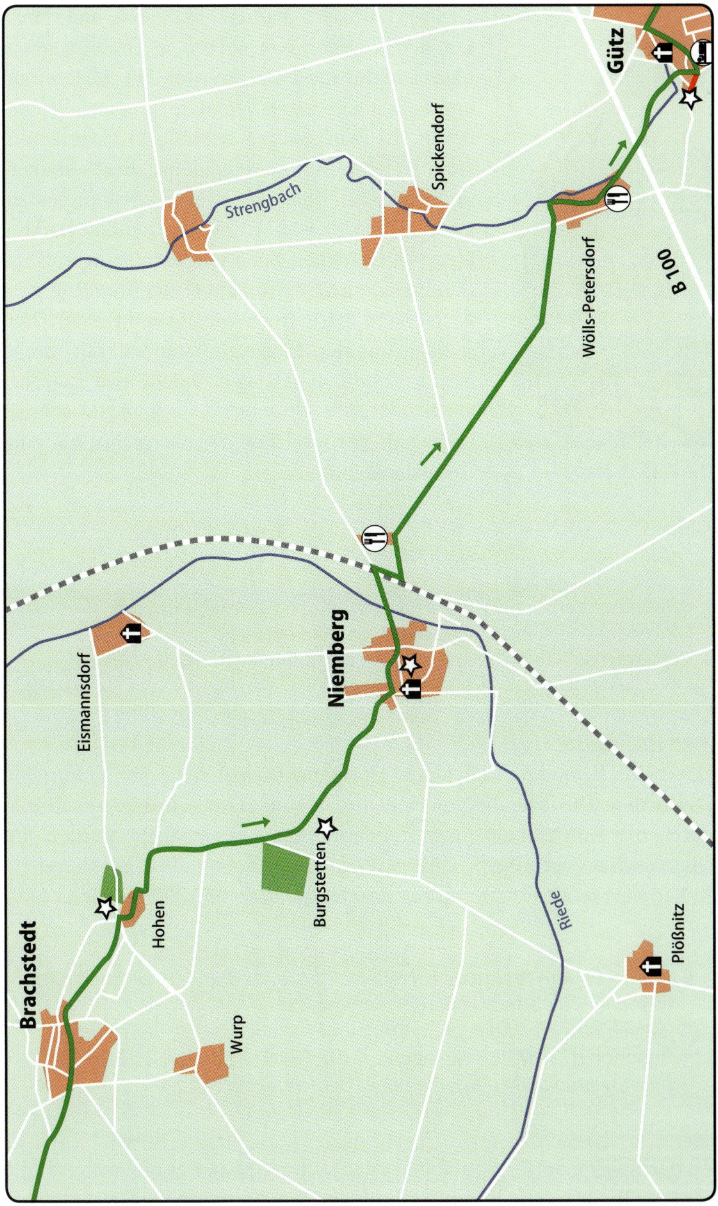
Gütz
Spickendorf
Strengbach
Wölls-Petersdorf
B 100
Niemberg
Eismannsdorf
Brachstedt
Hohen
Burgstetten
Wurp
Riede
Plößnitz

Die Alte Brennerei

Heilige (Katharina, Barbara, Margareta und Ursula mit dem Schwert) zu sehen, in Dreiergruppen übereinander die zwölf Apostel. Die Malerei auf den Außenflügeln entstammt der Cranach-Schule, durch die Nürnberger beeinflusst. Dargestellt sind Ursula, Maria Magdalena, Bartholomäus und Sebastian. Bemerkenswert an dem protestantischen Kruzifix von 1730 ist die seltene Darstellung von Gottvater, Sohn und dem heiligen Geist (Dreifaltigkeit). Der Taufengel aus Bronzeguss ist nach einem marmornen Vorbild von Berdel Thorwaldsen aus Kopenhagen entstanden. Zur Kirche ist am besten zu gelangen, indem man zunächst am Schild „Alte Brennerei" nach rechts abbiegt und dann der nächsten Straße rechts bis zum Gotteshaus folgt.

Information: Herr Kleinau, Ortschronist, ✆ (03 46 04) 2 03 65 oder (0173) 3 57 59 86
Öffnungszeiten: Schlüssel bei Fam. Schulz, ✆ (03 46 04) 2 03 65
Führungen: nach Absprache mit Herrn Kleinau (s. o.)
Gottesdienst: alle 14 Tage, Informationen unter ✆ (03 46 02) 5 01 11

Alte Brennerei

Die „Alte Brennerei" ist heute Dorfgemeinschaftshaus zur kulturellen Förderung. Die Niemberger Brauchtums- und Traditionspflege soll u. a. durch die Einrichtung eines Heimatmuseums verwirklicht werden. Im Obergeschoss ist eine Kreativwerkstatt eingerichtet. Die Brennerei im Keller wird renoviert. Der große Saal bietet Platz für 120 Personen.

Information: Alte Brennerei Niemberg, Wendenring 10a, 06188 Niemberg, Internet: www.alte-brennerei-niemberg.de
Ansprechpartner: Verein „Alte Brennerei-Niemberg e. V.", Jens Prinzing, Bahnhofstr. 21, 06188 Niemberg, ✆ (03 46 04) 2 28 87, 🖷 2 28 88
Öffnungszeiten und Führungen: über Jens Prinzing (s. o.)

An der Spickendorfer Straße führt der Lutherweg an der ehemaligen Furt über die Riede (heute Brücke). Hinter der Bahnlinie wird der Ort verlassen.

Gastronomie

€ **Alte Brennerei** (s. o.)
Für Gruppen auf Vorbestellung. Imbiss, Kuchen und Getränke.

€ **Sportlergaststätte**
Spickendorferstr. 14, 06188 Niemberg, ✆ (03 46 04) 9 29 99 oder (0173) 9 83 89 98.
Mo./Mi.-Fr. 17.30-23 Uhr, erweiterte Öffnungszeiten auf Anfrage.
Imbiss und Biergarten.

Auf einem geraden Feldweg geht es ab der Sportlergaststätte weiter. Nach ca. 1,5 km kommt von rechts der Ochsenweg heran, auf dem einst Pilger das westlich gelegene Örtchen Plößnitz erreichten, einen alten Wallfahrtsort der Madonnenverehrung.

Wölls-Petersdorf

Der kleine Ort Wölls wurde 1156 als Welcice erstmalig erwähnt. Rechter Hand steht das Gut (Schloss), heute Kindertagesstätte. Auffallend ist die Straße „Lutherweg". Vermutlich kam der große Reformator 1545/56 auf einem alten Handelsweg zwischen Wölls und Petersdorf von Wittenberg nach Halle dreimal hier vorbei, zuletzt als Leichnam im großen Trauerzug.

Gastronomie

€ **Bauernschaenke in der Keramikscheune Spickendorf**
Geschwister-Scholl-Str., 06188 Landsberg, OT Wölls-Petersdorf, ✆ (03 46 03) 215 98, 🖷 215 01,
Internet: www.keramikscheune-spickendorf.de
Mo.-Fr. 9-19, Sa. 9-16 Uhr (im Dez. bis 18 Uhr)
Rustikal und gemütlich, abwechslungsreiche Speisen.
Im ehemaligen Gutshaus.

Gütz

Der kleine, heute zu Landsberg gehörende Ort wurde 1311 erstmals urkundlich erwähnt, ist aber sicher älter. Vermutlich zwischen 1150 und 1250 wurde die Kirche (s. u.) errichtet.

Der Teufelsstein

→ Abstecher zum Teufelsstein

Ein Abstecher an der Landstraße führt rechts zum sogenannten „Teufelsstein“, den der Teufel der Sage nach vom Petersberg auf die im Bau befindliche Doppelkapelle Landsberg (s. S. 104f.) schleudern wollte. Zu einem Mönch des Klosters Petersberg sagte er: „Noch bevor du drei Vaterunser gesprochen haben wirst, werde ich mit diesem Stein das Kirchlein zerschmettern!“ Aber der schlaue Mönch sprach schnell „Vaterunser, Vaterunser, Vaterunser, Amen“. Und der Stein fiel kurz vor Landsberg, bei Gütz, auf die Erde.

Die Gützer Kirche

St. Anna und St. Katharina

Die ältesten Teile der Kirche, der untere Teil des Westturms (im 19. Jh. erhöht) und das Kirchenschiff, stammen aus spätromanischer Zeit. Ein kleines, hoch sitzendes Rundbogenfenster an der Südwand sowie Schlitzfenster am Turm zeigen noch die ursprünglichen Öffnungen, die später durch größere Fenster ersetzt wurden. Das Tympanon als dreifach geknickter Bogen weist auf die Zeit um 1170. In gotischer Zeit wurde der polygonale Chor angebaut (15. Jh.), die Glocke von 1488 ist noch erhalten. Innen beachte man die Empore (Ende 18. Jh.), den Kanzelalter (1778) sowie die Pfarr- und Ältestenlogen. Seit der Gründung des Fördervereins 1997 wird sie nach und nach saniert.

Information und Führungen: Förderverein Gützer Kirche e. V., Otto-Quandt Str. 8a, 06188 Landsberg, OT Gütz, Herr Brinkmann, ✆ (03 46 02) 2 29 26, Internet: www.guetzerkirche.de

Übernachtung (weitere Möglichkeiten s. Landsberg, S. 106)

€€ **Hotel Landsberg**
Florian-Geyer-Str. 4, 06118 Landsberg, OT Gütz, ✆ (03 46 02) 3 26 00, 🖷 3 27 00, Internet: www.hotel-landsberg.com
Modernes Komforthotel mit Frühstücksbüffet und Abendessen (nur für Gäste).

Abschnitt 4: Zum Unteren Muldetal

Zwischen dem Landsberger Kapellenberg und dem Muldestausee finden sich kaum nennenswerte Erhebungen. Ab Landsberg setzt sich das Norddeutsche Tiefland in der Delitzscher Ebene fort, Sachsen wird für kurze Zeit betreten. Die fruchtbare Schwarzerde machte die Gegend schon vor Jahrhunderten zum Ackerland. Den Abschluss bildet die KulturLandschaft Goitzsche mit ihrer Seenplatte und den Wäldern. Parallel zu diesem Abschnitt verläuft die Berliner Chaussee, eine Verlängerung der alten Poststraße von Halle nach Landsberg über Brehna, Petersroda und Bitterfeld. Ein Teil des Gebiets entspricht ungefähr der ehemaligen Grafschaft Brehna.

11. Etappe: Von Landsberg nach Brehna (12 km)

Landsberg - Zschernitz - Brehna

Den Auftakt dieser Etappe bildet die weithin sichtbare Doppelkapelle Landsberg. Danach geht es über Feldwege durch die Delitzscher Tiefebene nach Brehna, einem alten Burgwartort, der heute vor allem für sein ehemaliges Nonnenkloster bekannt ist. Seine berühmteste Schülerin dürfte wohl Katharina von Bora, Luthers spätere Gemahlin, gewesen sein. Ab Zschernitz verläuft der Lutherweg parallel des Bitterfelder Strengbachs, der vor Brehna als Gienickenbach bezeichnet wird.

In Gütz lässt es sich bei dem Gebäude der Feuerwehr auch schräg rechts über den Fußweg abkürzen, der über den Zörbiger Strengbach führt. Biegt man anschließend in die Straße rechts ein, ist der Lutherweg wieder erreicht.

Landsberg

Das kleine Städtchen ist eine aus der 961 erwähnten Siedlung „civitas Holm“ hervorgegangene Stadt am Fuße einer Burg auf dem Porphyrfelsen. Schon zu

Doppelkapelle St. Crucis

slawischer Zeit gab es dort eine Burganlage, den Hauptburgort Holm des Slawengaus Suisile. 1136 hatte Markgraf Konrad I. an deren Stelle eine Augustinerabtei gestiftet, die schon 1150 in das Petersberger Kloster eingegliedert wurde. 1156 zog er sich auf den Petersberg zurück und vererbte seine Besitzungen seinen Söhnen. Die ab 1170 durch seinen zweitältesten Sohn Dietrich errichtete neue Burg war mindestens so groß wie die Wartburg bei Eisenach. Diese enorme Ausdehnung erscheint heute kaum vorstellbar, hat doch der Felsen seit dem 19. Jh. durch industriellen Steinbruchbetrieb seine Gestalt stark verändert. Die einstige Stätte höfischer Kultur und des Minnesangs wurde 1514 von den sächsischen Herzögen (meißische Linie der Wettiner) samt dem Ort völlig zerstört. Übrig blieb nur die Doppelkapelle, die als Besitz der Wettiner verschont wurde.

→ Abstecher zur Doppelkapelle St. Crucis

In Landsberg bietet sich ein Abstecher zur Doppelkapelle auf dem Kapellenberg an, die an die Straße der Romanik angeschlossen ist. Dazu geht man am besten am Lutherplatz die Walther-Rathenau-Straße geradeaus hinauf. Die Aussicht von oben sollte man nicht versäumen.

Doppelkapelle, Eingangsseite

Zu spätgotischer Zeit wurde der Doppelkapelle eine dritte Etage aufgesetzt, die weiter als Wohnung genutzt wurde. Dort übernachtete am 24.01.1546 möglicherweise auch Martin Luther in Begleitung seiner Söhne auf seiner letzten Reise von Wittenberg nach Eisleben. Er soll in der Oberkapelle an die Wand geschrieben haben: „O großer Gott, von Ewigkeit, erbarm dich deiner Christenheit, das bittet mit Herz und Hand, Martinus Luther Dr.“ Diese Inschrift ist nicht mehr nachweisbar und wird lediglich in einem Bericht des Pfarrers Steche von 1734 erwähnt, der sie noch mit eigenen Augen gesehen haben will. In Zeitzeugenberichten wird Luthers Aufenthalt nicht erwähnt. Vermutlich wollte Luther sich aber mit den sächsischen Herzögen treffen, die Burg und Ort zerstört hatten und verschwieg möglicherweise daher seinen Besuch in Landsberg aus moralischen Gründen. Beweisbar ist sein Aufenthalt allerdings nicht. Das „Lutherzimmer“ wird Ende Au-

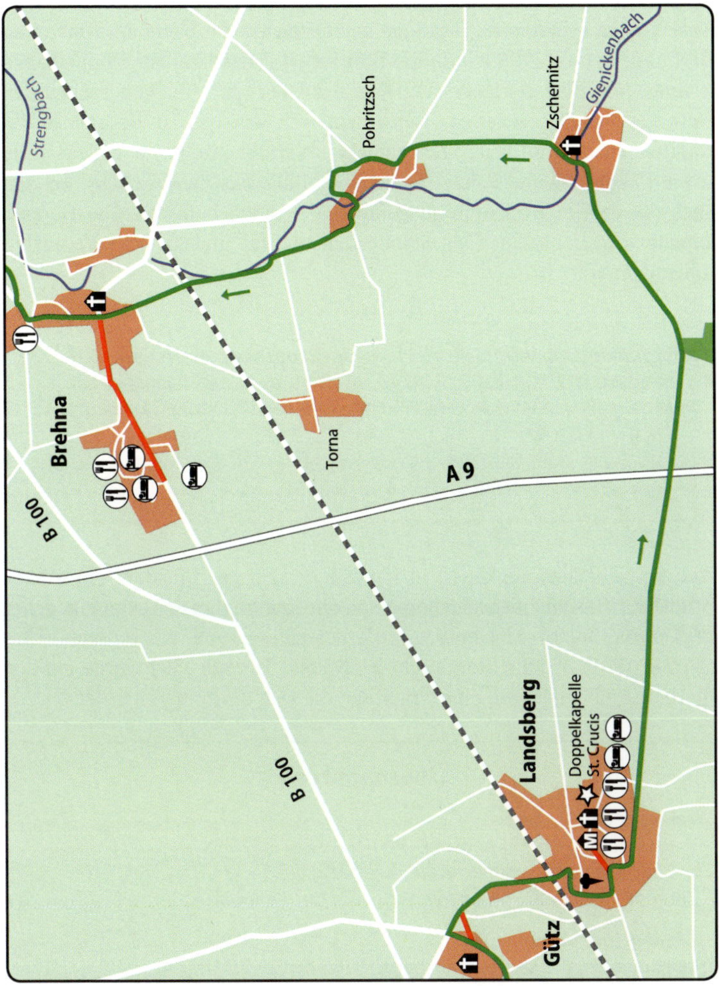

gust 2009 neu eröffnet. Ausgestellt sind auch Exponate zur Geschichte der Burg und zur Stadt Landsberg.

Den Namen erhielt die an die Straße der Romanik angeschlossene Doppelkapelle St. Crucis von einem Splitter aus dem Kreuz Jesu, den der Markgraf Dietrich 1177 als Geschenk des Papstes auf einem Italienfeldzug Barbarossas erhalten hatte. Vermutlich brachte er ebenso eine Säule aus rotem Marmor mit, deren Kondenswasser im Frühjahr, wenn es wärmer wird, rötlich schimmert. Der Sage nach schwitzt die Säule am Karfreitag Blut und Wasser. 1195 wurde die Burgkapelle (Basilika) zur Doppelkapelle umgebaut. Für die Herrschaft war das Ober-, für die Dienerschaft das Untergeschoss vorgesehen. Kunsthistorisch wertvoll ist besonders die Kapitellornamentik: reich geschmückte Würfelkapitelle im Erdgeschoss sowie Palmetten- und Palmettenfächerkapitelle im Obergeschoss, wo sich auch die drei in Backstein ausgeführten Apsiden befinden. Die Doppelkapelle wird heute auch als Standesamt und für musikalische Veranstaltungen genutzt.

Information: Doppelkapelle und Museum Landsberg, Hillerstr. 11, 06188 Landsberg, ✆ (03 46 02) 2 06 90, Internet: www.stadt-landsberg.de
Führungen: Mai-Okt. Sa. 15 (ab 15 Personen auch 11 Uhr auf Anfrage), So. 11 und 15 Uhr
Gottesdienst: Juni-Sept. letzter oder vorletzter So. des Monats 13.30 Uhr, Auskunft im Pfarramt, ✆ (03 46 02) 2 03 30

Weitere Sehenswürdigkeiten in Landsberg sind das Museum „Bernhard Brühl" zur Geschichte Landsbergs und der Region (bei der Doppelkapelle, Di./Do./Sa./So. 13–17 Uhr, s. o.), die Postmeilensäule, das Rathaus (Umbau von 1901) und die Stadtkirche St. Nikolai. Bereits 1534 wurde mit der Bierbrauerei begonnen, eine Tradition, die sich bis heute fortsetzt.

Übernachtung

€-€€ Goldener Löwe
Lutherplatz 2, 06118 Landsberg, ✆ (03 46 02) 2 02 05, Internet: www.goldenerloewe-landsberg.de
Zimmer im Herzen von Landsberg. Über der Gaststätte.

€ Hannelore Maksymiuk
Leipziger Str. 44, 06118 Landsberg, ✆ (03 46 02) 2 07 49
Kleine Pension am Ortsausgang, direkt am Lutherweg.

Gastronomie

€€-€€€ Ristorante & Gelateria „Grappini"
Lutherplatz 6, 06118 Landsberg, ✆ (03 46 02) 43 62 43, Internet: www.grappini.de, Di.-Fr. 11-14, 17-21.30, Sa./So. 11-22.30 Uhr
Italienisches Restaurant mit guter Auswahl. Eiscafé und Außengastro.

€€ **Goldener Löwe** (s o.)
Mo.-Sa. 11-24, So. 10-16 Uhr
Gutbürgerliche Küche. Mit Bar. Hier finden häufig Konzerte statt.

€-€€ **Ratskeller**
Markt 1, 06118 Landsberg, ✆ (03 46 02) 2 04 32,
Internet: www.ratskeller-landsberg.de
Di.-So. 11-24 Uhr
Verschiedene Fleisch- und Fischgerichte.

Eiscafé Volkland
Köthener Str. 30, 06118 Landsberg, ✆ (03 46 02) 2 09 22
im Sommer Mo.-Fr. 7-19, Sa./So. 13-19, im Winter Mo.-Fr. 7-18 Uhr
Große Auswahl, auch Pizza.

Im Bereich der A 9, die über eine Brücke überquert wird, geht es für kurze Zeit durch die Leipziger Tiefebene hinein nach Nordsachsen.

Zschernitz

Der kleine, 1263 erstmals erwähnte Ort am Gienickenbach zählte 1519 nur elf Einwohner. Seit 1994 gehört er zur Gemeinde Neukyhna. Aufsehen erregte 2003 der Fund der als „Adonis von Zschernitz" bezeichneten Tonfigur der jüngeren Linienbandkeramik (um 5000 v. Chr., heute im Landesmuseum Dresden). Der Lutherweg führt an der im Kern spätromanischen Kirche St. Gallus vorbei, die ein romanisches Portal, einen gotischen Chor und einen spätgotischen Schnitzaltar aufweist.

St. Gallus, Kirchentür

Information: Pfarrer Matthias Taatz, ✆ (03 42 02) 5 65 24 oder (0177) 3 06 46 63
Öffnungszeiten und Führungen: nach Anmeldung (s. o.)
Gottesdienst: alle drei Wochen (Informationen bei Pfarrer Taatz)

Durch den ebenfalls zur Gemeinde Neukyhna gehörenden Ort Pohritzsch führt der Lutherweg weiter nach Brehna und wieder nach Sachsen-Anhalt hinein.

Brehna

Das vermutlich von Slawen gegründete Städtchen war im 11. Jh. Sitz des nach ihm benannten wettinischen Grafengeschlechts. Sein Wappen, drei rote Seerosenblätter in Silber, ist mit dem der Stadt identisch und z.B. in der Müchelner Templerkapelle bei Wettin zu sehen. Die Grafen von Brehna legten östlich des Marktplatzes eine Burg an, von der sich keine Reste erhalten haben. Brehna besaß schon im Mittelalter das Stadtrecht.

Katharina von Bora (1499-1552)

Luthers Ehefrau, auch „Luthers Käthe" oder „Die Lutherin" genannt, war von 1504-1508 Schülerin im Kloster Brehna. Anschließend wurde sie ins Kloster Marienthron in Nimbschen aufgenommen und dort 1515 zur Nonne geweiht. Mit Luthers Hilfe floh sie 1523 mit weiteren Nonnen nach Wittenberg, wo sie der Reformator bei seinen Freunden unterbrachte und ihnen „ehrenwerte" Ehemänner verschaffte. Katharina durfte den Studenten Hieronymus Baumgartner nicht heiraten, da seine Eltern gegen die Hochzeit mit einer ehemaligen Nonne waren. So schlug Luther Kaspar Glatz vor, den sie aber ablehnte. Sie bat Nikolaus von Amsdorf (1483-1565) um Hilfe und erklärte ihm, sie wolle nur ihn ehelichen oder den Herrn Luther persönlich. Luther hatte das Zölibat zwar schon 1520 angegriffen, der Entschluss zur Ehe wird ihm dennoch nicht leicht gefallen sein. Im Juni 1525 heirateten Katharina von Bora und Martin Luther. Sie besaß großes organisatorisches Talent und führte seinen umfangreichen Haushalt mit Geschick. Die beiden hatten sechs Kinder. 1552, sechs Jahre nach Luthers Tod, brach in Wittenberg die Pest aus. Deswegen wurde die Universität nach Torgau verlegt, wo auch der Sohn Paulus weiter studieren wollte. Katharina und seine Geschwister begleiteten ihn. Auf dem Weg verletzte sich Katharina so sehr, dass sie daraufhin in Torgau starb. Sie fand in der Schlosskirche ihre letzte Ruhe.

St. Jakobus & St. Clemens

1201 wurde das Augustinerinnenkloster St. Clemens von der Gräfin Hedwig von Brehna gegründet. Im Bauernkrieg 1525 sollen die Nonnen wertvolles Altargerät versteckt haben. Es entstand die Legende vom „Schatz der Nonnen“, der aber nie gefunden wurde. Ab 1531 erfolgten wegen der Reformation keine Neuaufnahmen mehr. Bis zur Mitte des 16. Jh.

Detail am Marktbrunnen

Die Brehnaer Kirche

lebten hier noch Nonnen. Der erste evangelisch-lutherischer Pfarrherr war 1526 Bartholomäus Rieseberg (1492–1556), ein treuer Schüler und Freund Luthers. Möglicherweise kam Luther selber auf einer Predigerreise nach Eisleben hier vorbei.

Die Kirche ist das älteste Gebäude von Brehna. Sie wurde mehrfach umgebaut und besteht aus drei Teilen: dem Turm, der Kirche des ehemals sich südlich anschließenden Nonnenklosters und dem Gotteshaus der Kirchengemeinde Brehna. Innen beachte man besonders den großen Altaraufsatz (um 1700), in den ein gotischer Schreinaltar (16. Jh.) mit einbezogen ist, den Katharina von Bora noch gekannt haben könnte, das Triumphkreuz (1520), die Kanzel (um 1600) und den Taufstein (17. Jh.). Die heutige Autobahnkirche Brehna dient den Reisenden als „Raststätte für die Seele", besonders das Turmzimmer als Raum der Stille.

Information: Evangelische Kirchengemeinde, Bahnhofstr. 8, 06796 Brehna, ✆ (03 49 54) 4 82 09, Internet: www.autobahnkirche-brehna.de
Öffnungszeiten: im Sommer tägl. 8–20, im Winter tägl. 8–18 Uhr
Führungen: nach Absprache (s. o.)
Gottesdienst: Sa. 18, So. 10.30 Uhr

Weitere Sehenswürdigkeiten in Brehna sind die 1980 eingeweihte Kopie einer kursächsischen Postmeilensäule (1732), das Rathaus mit dem Stadtwappen und die 1985 sanierte Bockwindmühle am Schützenplatz (Schmidt's Mühle). Bereits für 1526 ist in Brehna eine Klostermühle belegt.

Ihr Lebensweg führte Katharina von Bora über Brehna bis nach Wittenberg, wo heute ihr Denkmal steht

Gastronomie

€–€€ Zum Schützenhaus
Am Schützenplatz 6, 06796 Brehna, ✆ (03 49 54) 4 81 07
Mo. 11–15, Di.–Fr. 11–15, 17–22, Sa. 11–23.30, So. 11–20 Uhr
Nahe der Bockwindmühle. Leicht gehobene Küche, auch Imbiss. Biergarten an der Straße.

Unterkünfte und weitere Gaststätten befinden sich am westlichen Ortsrand (ca. 1 km). Dazu geht man von der Kirche die Hallesche Straße weiter und an der Querstraße links.

Übernachtung

€€ Pension Meißner/An den Linden
An der B100 18, 06796 Brehna, ✆ (03 49 54) 4 83 33 oder (01 63) 4 83 33 90/92
Kleine Pension ohne Frühstück. Rechtzeitig buchen.

Tagungshotels mit gehobenem Standard sind:

€€€ Country Park-Hotel
Thiemendorfer Mark 2, 06796 Brehna, ✆ (03 49 54) 650, 🖷 6 55 56, Internet: www.countryparkhotel.de

€€€ Hotel Bavaria
Otto-Lilienthal-Str. 6, 06796 Brehna, ✆ (03 49 54) 6 16 00, 🖷 6 15 00, Internet: www.bavaria-hotel.com

Gastronomie

€€ Schlabbergass
An der B100 18, 06796 Brehna, ✆ (03 49 54) 4 85 86
Mo.–Fr. 11.30–14.30, ab 17.30, Sa. ab 17.30 Uhr
Große Auswahl.

€–€€ Bratpfanne
An der B100 20, 06796 Brehna, ✆ (03 49 54) 4 84 83
Mo. ab 17, Di.–So. 11–14, ab 17 Uhr
Große Auswahl, mit Biergarten.

12. Etappe: Von Brehna nach Friedersdorf (24 km)

Brehna - Roitzsch - Petersroda - KulturLandschaft Goitzsche - Bitterfeld - Großer Goitzschesee - Mühlbeck - Friedersdorf

Das Gebiet zwischen Brehna und Friedersdorf gehörte einst zur Grafschaft Brehna, die um 1034 nach einer Erbteilung der Wettiner gegründet worden war. Die Grafen Thimo und Gero erhielten die Grafschaft Brehna. 1053 unterschrieben sie auf einer Urkunde als „Grafen von Brehna" (comites de Bren). Mit dem Aussterben der Brehnaer Adelslinie der Wettiner 1290 fiel die Grafschaft Brehna an das Herzogtum Sachsen-Wittenberg, 1423 an die Wettiner zurück. 1485 wurde Brehna bei der „Leipziger Teilung" dem Kurfürstentum Sachsen zugeschlagen („ernestinisch", 1547 „albertinisch"). Das Wappen der Grafen von Brehna, die drei Seerosen, ist heute nicht nur auf dem Wappen von Brehna (s. S. 108), sondern auch auf denen des Landkreises Anhalt-Bitterfeld, der Stadt Bitterfeld-Wolfen, der Gemeinde Friedersdorf und den bis 2007 selbstständigen Orten Bitterfeld und Greppin zu finden.

Das seit dem 19. Jh. durch den Abbau der Braunkohle geprägte Gebiet, die Bergbaufolgelandschaft Goitzsche (gesprochen [gotsche]), ist heute Landschaftskunstprojekt. Die Gestaltung der neuen KulturLandschaft Goitzsche äußert sich nicht nur in einer neu entstandenen Seenlandschaft. Auch sind zahlreiche Kunstwerke zu sehen. An einigen führt der Lutherweg vorbei. Heute wird Bitterfeld die „grüne Industriestadt am See" genannt.

In der Roitzscher Kirche

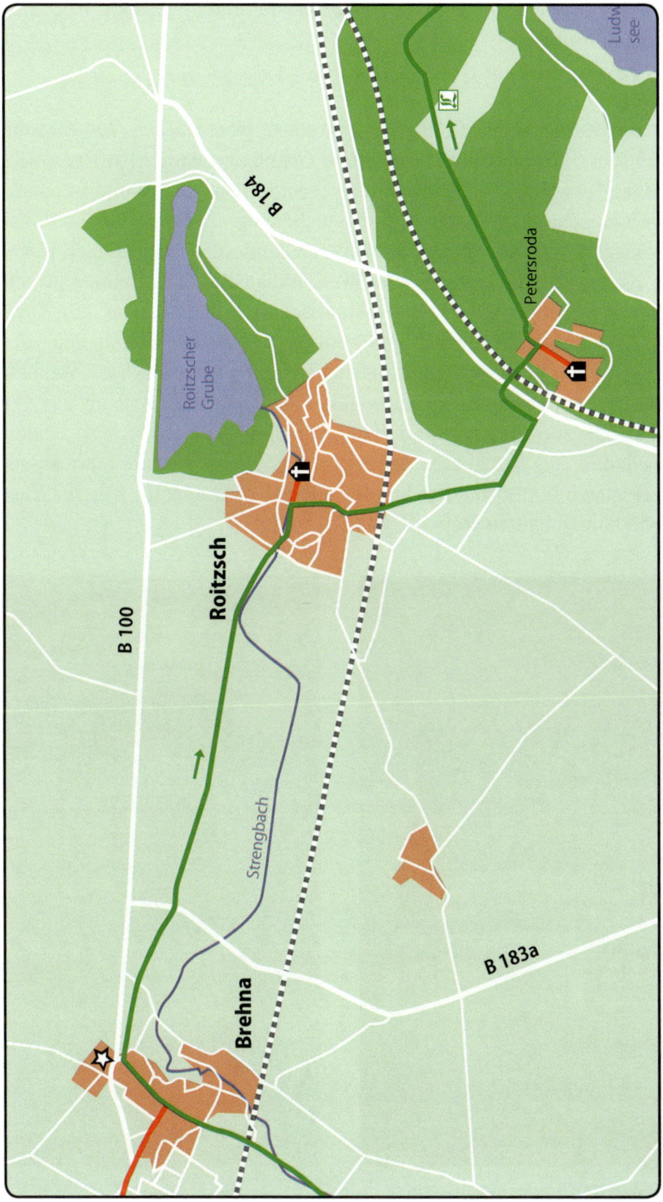
Ludw
see
B 184
Petersroda
Roitzscher Grube
Roitzsch
B 100
Strengbach
B 183a
Brehna

Parallel des Strengbachs geht es ab Brehna auf einem geraden Wegstück weiter nach Roitzsch.

Roitzsch

Zu Luthers Zeiten zählte Roitzsch (gesprochen [rootsch]) ca. 700 Einwohner und vier Rittergüter. Die sorbische Gründung wurde 1043 erstmals als „Rogaz" erwähnt. In der Ortsmitte beachte man den Skulpturenpark, eine Gemeinschaftsarbeit der Burg Giebichenstein, Hochschule für Kunst und Design Halle. Das älteste Gebäude ist heute die ursprünglich romanische Kirche (Mitte 12. Jh.), eine dreischiffige Basilika. Innen sind ein barocker Kanzelaltar (1741) mit spätgotischen Schnitzfiguren, der Taufstein (1771), an der Nordwand eine weitere spätgotische Schnitzfigur, die Madonna mit dem Kind auf der Mondsichel, die Patronatsloge mit Wappen der Gutsbesitzer sowie an der Südwand ein lebensgroßes Kruzifix aus der Zeit um 1520 zu sehen, weitere Heiligenfiguren befinden sich an beiden Seitenwänden. Die Kirchenfenster zeigen u. a. Luther und die Lutherrose. Die Parkanlage hinter der Kirche, der ehemalige Gutspark, lädt zur Rast ein. Zwei Ginkgobäume stehen dort.

Kanzelaltar der Roitzscher Kirche

Eingang der Kirche in Petersroda

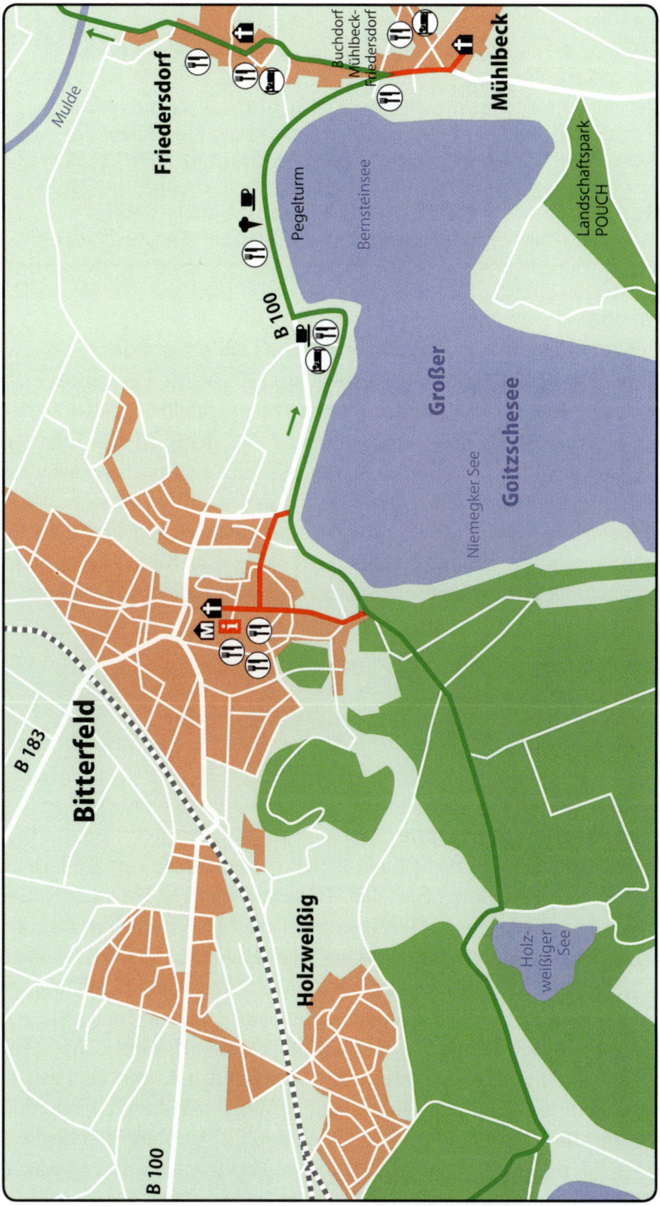
Friedersdorf
Mulde
Buchdorf
Mühlbeck-
Friedersdorf
Mühlbeck
Pegelturm
Bernsteinsee
Landschaftspark
POUCH
B 100
Großer
Goitzschesee
Niemegker See
Bitterfeld
B 183
Holzweißig
Holz-
weißiger
See
B 100

Information: Pfarrer Bernd Gaus, Kirchplatz 2, 06792 Sandersdorf,
✆/🖷 (0 34 93) 8 84 30,
Internet: www.kirche-am-strengbach.de/roitzsch/roi_kirche_i.html
Öffnungszeiten und Führungen: Friedhofsverwaltung (gegenüber der Kirche), ✆ (03 49 54) 2 15 92, Di. 14.30–17.30, Do. 13.30–16.30 Uhr oder nach Anmeldung jederzeit Frau Cornelia Parthon, ✆ (03 49 54) 2 11 69
Gottesdienst: ca. alle 4 Wochen Sa. abends, genaue Zeiten unter www.autobahnkirche-brehna.de oder beim Pfarramt Sandersdorf (s. o.)

Petersroda

Der Name des kleinen Ortes am Eingang zum Landschaftspark Goitzsche deutet auf eine mitteldeutsche Rodesiedlung. 1376 wurde Petersroda erstmals als „zum Rode“ erwähnt. Ein Abzweig (ausgeschildert) führt zu der im Kern romanischen mittelalterlichen Dorfkirche, deren älteste Teile vermutlich aus dem 13. Jh. stammen. An der Südseite sind noch vermauerte romanische Fenster erkennbar. Auffällig ist der wuchtige Westquerturm mit achteckigem Aufsatz (1872). Vor dem neuromanischen Portal ist im Fußbodenmosaik ein Kreuz zu sehen (s. S. 114). Die Kirche beherbergt eine Rühlmannorgel von 1897.

Information, Öffnungszeiten und Führungen: Pfarramt Sandersdorf (s. o.)
Gottesdienst: 2–3-mal im Jahr, Informationen im Pfarramt Sandersdorf (s. o.)

KulturLandschaft Goitzsche

Der Landschaftspark Goitzsche umfasst neun Tagebaurestseen. Außerhalb des Gebiets liegt ein zehnter See, der Muldestausee (s. S. 124). In den Gewässerbezeichnungen leben z. T. Namen von Orten weiter, die dem Tagebau zum Opfer gefallen waren: Paupitzscher See (Paupitzsch 1975), Niemegker See (Niemegk 1978), Döberner See (Döbern 1984) und Seelhausener See (Seelhausen 1988). Die Seenlandschaft bietet vielen Zugvögeln ein wertvolles Brut- und Rastgebiet. Die „KulturLandschaft Goitzsche“ geht auf ein Projekt „Industrielles Gartenreich“ des Bauhauses zurück. Das Gebiet wurde zum Korrespondenzstandort der Weltausstellung EXPO 2000 in Hannover. Im Rahmen der „Land Art Goitzsche“ wurden verschiedene künstlerische Konzepte umgesetzt, u. a. der Pegelturm im Bernsteinsee (s. S. 120) und das „Landschaftskunstwerk Halbinsel Pouch“.

Der Lutherweg führt durch die Holzweißiger Seenplatte und den „neuen" Goitzschewald zum Goitzschesee, wo sich ein Abstecher links nach Bitterfeld, heute Stadtteil von Bitterfeld-Wolfen, anbietet. Ohne Abstecher geht es immer am linken Seeufer weiter bis Friedersdorf.

→ Abstecher nach Bitterfeld zur Stadtkirche

Der Dichters Georg Sabinus, Melanchthons Schwiegersohn, der 1535 auf seiner Reise von Wittenberg nach Italien durch Bitterfeld kam, schrieb Folgendes: „Nachdem ich als Ankömmling deine Ufer, o Mulde, betreten habe, wo das Feld und die Armut der Gegend der kleinen Stadt, an der du vorbeifließt, den Namen gegeben hat, siehe da zeichnet sich der Farbenbogen in den Wolken." In der Tat war die heutige Chemie- und Industriestadt Bitterfeld zu Luthers Zeiten ein munteres Städtchen. Bitterfeld war 1473 von einer großen Feuersbrunst heimgesucht worden, im 16. Jh. folgte dann eine rege Bautätigkeit, z.B. wurde 1508 das erste Rathaus errichtet (das heutige Gebäude stammt aus dem 19. Jh.). Die urkundlich erstmals 1224 als „Bitterfeldt" erwähnte Stadt geht auf eine flämische Ansiedlung des 12. Jh. (Alte Stadt) neben einer bereits bestehenden slawischen (Altes Dorf) zurück. Bitterfeld gehörte einst den Grafen von Brehna, die südlich der Stadt im 12. Jh. eine Burg errichteten (1564 abgerissen). So zeigt das Bitterfelder Stadtwappen einen Turm, rechts daneben das Seerosenblätterschild (Grafen von Brehna), rechts daneben das Rautenschild (Sachsen). Luther dürfte das alte Rathaus, Burg und Kirche noch gekannt haben, als er sich möglicherweise 1525 und 1546 in Bitterfeld aufhielt. 1531 erfolgte die erste evangelische Kirchenvisitation u.a. durch Justus Jonas. Der erste evangelische Pfarrer war Jacob Techel, der von den Visitatoren als Superintendent eingesetzt wurde. 1546 führte Luthers Trauerzug auf dem Wege nach Wittenberg auch durch Bitterfeld.

Der Bitterfelder Marktplatz

Die große neugotische dreischiffige Stadtkirche aus Backstein

Der Hauptaltar

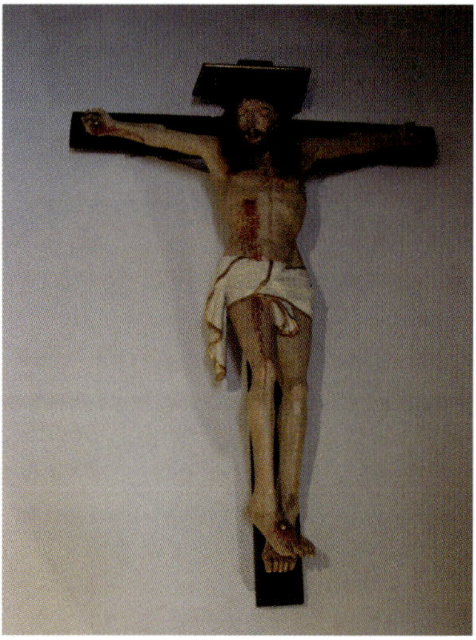
Das Kruzifix

dominiert den Marktplatz. Vermutlich wurde die erste Bitterfelder Kirche im 12. Jh. errichtet. Deren genauer Standort ist unsicher. Im 14./15. Jh. ist von einer Pfarrkirche St. Antonius auf dem heutigen Kirchplatz die Rede, die möglicherweise beim großen Stadtbrand 1473 zerstört und daraufhin wieder neu gebaut wurde. Aus dieser Zeit ist eine spätgotische Kapelle (um 1520), heute das älteste erhaltene Bauwerk in Bitterfeld, im Südosten der heutigen Kirche (1910 geweiht) erhalten. Darin beeindrucken der schöne spätgotische Flügelaltar (Anfang 16. Jh.), ein Epitaph (17. Jh.) und die Fenster mit Persönlichkeiten der Region. Der Hauptaltar im Kirchenschiff stammt ebenfalls vom Anfang des 16. Jh., das Kruzifix im Vorraum aus dem Ende des 15. Jh.

Information: Evangelische Kirchengemeinde, Gemeindehaus „Lutherhaus", Binnengärtenstr. 16, 06749 Bitterfeld-Wolfen, OT Bitterfeld, ✆/🖷 (0 34 93) 2 27 10, Internet: www.stadtkirche-bitterfeld.de
Öffnungszeiten und Führungen: Büro Mo., Mi., Fr. 9–12 Uhr, Schlüssel Mo.–Fr. 10–15 Uhr bei der Touristeninformation am Markt, ✆ (0 34 93) 36 11 25 oder -127, -128. Weitere Führungen durch die Stadtinformation Mo.–Fr. 10–15 Uhr nach Anmeldung.
Gottesdienst: So. 10.30 Uhr, im Winter im Gemeindehaus

Gastronomie

€ **Ristorante Bella Italia**
Markt 7, 06749 Bitterfeld-Wolfen, ✆ (03493) 402098, tägl. 11-24 Uhr
Preiswerte Pizza und Pasta, mit Biergarten.
Di., Do., Sa. und So. Sonderangebote.

€ **Thai Restaurant Family**
Markt 3, 06749 Bitterfeld-Wolfen, ✆ (03493) 518885
tägl. 11-15, 17.30-22.30 Uhr
Büffet mit asiatischen Spezialitäten, im 1. Stock.
Schöner Blick über den Marktplatz.

€ **Kartoffelhaus Nr. 1**
Kirchstr. 6, 06749 Bitterfeld-Wolfen, ✆ (03493) 42576,
Internet: www.kartoffelhaus-bitterfeld.de, tägl. ab 11 Uhr
Gemütliche, rustikale Einrichtung, Gerichte rund um die Kartoffel.

Der Große Goitzschesee

Der Große Goitzschesee besteht aus mehreren Teilseen wie dem Niemegker See im Westen, dem Döberner See im Osten und dem Bernsteinsee im Norden, in dem besonders viel Bernstein gefunden wurde und immer noch lagert. Im Süden gibt es zwei Inseln, Bärenhof und Tonberg. Die Goitzsche war ursprünglich ein Waldgebiet, das überwiegend aus Laubbäumen bestand, die grüne Lunge Bitterfelds. Den Braunkohletagebau hat man nach der Wende aufgegeben und seit 1998 planmäßig mit Muldewasser geflutet. Durch das Hochwasser 2002 wurde die Flutung schneller als geplant abgeschlossen. Heute ist der Landschaftspark Naherholungsgebiet mit hohem Entwicklungspotenzial. Besonders der nördliche Teil ist dem Tourismus mit vielfältigen Angeboten gewidmet, vorwiegend dem Wassersport, der

Am Goitzschesee

südliche Teil der ruhigeren Erholung und dem Naturschutz. In der Nähe der Villa am Bernsteinsee befinden sich eine Marina und der Pegelturm.

Übernachtung

€€€ **Villa am Bernsteinsee**
Mühlenboulevard 4, 06749 Bitterfeld-Wolfen, ✆ (0 34 93) 92 93 98, 🖷 92 94 22, Internet: www.villa-am-bernsteinsee.com
Verschiedene Apartments, geschmackvoll eingerichtet.

Gastronomie

€€€ **Villa am Bernsteinsee** (s. o.)
tägl. 11-22 Uhr
Gehobene Küche, edles Ambiente. Mit Terrasse und Biergarten.

Am Pegelturm:

€-€€ **Restaurant Seaview**
Bernsteinpromenade 2, 06749 Bitterfeld-Wolfen, ✆ (0 34 93) 82 69 91, Internet: www.restaurant-seaview.de
im Sommer tägl. ab 10, im Winter tägl. 11-20 Uhr
Fischspezialitäten und deutsche Küche, große Auswahl. Biergarten mit Blick auf den Goitzschesee.

Eiscafé am Pegelturm
Bernsteinpromenade, 06749 Bitterfeld-Wolfen ✆ 51 58 58, Internet: www.eiscafe-am-pegelturm.de
im Sommer Mo.-Do. 11-19.30, Fr./Sa. 11-21.30, So. 8.30-19.30, im Winter Mo.-Sa. 12-18, So. ab 9.30 Uhr
Kleines Eiscafé am Goitzschesee mit schöner Aussicht.

Dort wo der Lutherweg das Seeufer verlässt, befindet sich geradeaus eine schöne Gaststätte:

€-€€ **Trattoria al faro**
Bernsteinpromenade 7, 06774 Mühlbeck, ✆ 6 05 81 11, 🖷 51 45 77, Internet: www.trattoria-al-faro.de
März-Dez. Mo.-Sa. 12-23, So. 10.30-23, Jan./Feb. Di.-Fr. 17.30-23, Sa. 12-23, So. 10.30-23 Uhr
Italienisches Restaurant, Außengastronomie mit Seeblick. Das Holz der Tische, mit eingelegtem Bernstein, im Innenraum stammt von einem über 200 Jahre alten Tulpenbaum aus dem Wörlitzer Park, den die Große Flut 2002 entwurzelt hatte. Da die Speisen frisch zubereitet werden, kann es zu längeren Wartezeiten kommen.

Dort wo der Lutherweg nach einiger Zeit links die B 100 quert, bietet sich rechts ein Abstecher nach Mühlbeck an.

→ Abstecher nach Mühlbeck

Früher führte die alte Handelsstraße von Koblenz über Bitterfeld und Kemberg nach Wittenberg durch Mühlbeck. Luther könnte also durchaus hier gewesen sein. Zumindest führte sein Leichenzug am 21.02.1546 hier vorbei. Heute ist der 1388 erstmals erwähnte Ort hauptsächlich durch sein 1997 gegründetes Buchdorf Mühlbeck-Friedersdorf, wo mehrere Antiquariate zum Stöbern einladen, bekannt. In seiner Mitte verdient die kleine spätromanische Feldsteinkirche (um 1200) Beachtung. Innen fallen zunächst die schönen Emporen mit Bauernornamentik (um 1550), das Betstübchen mit Aufgang zur Kanzel (1680–1730), die spätgotische Sakramentsnische und vor allem der prächtige gotische Wandelaltar (1503) ins Auge. Der linke Standflügel zeigt vermutlich die heilige Katharina mit dem Buch, zu lesen ist darauf „Franz von Weida". Der Pfeiler unter der linken Empore trägt das Wappen des Bistums Meißen und die Jahreszahl 1541. Die sehenswerte Barockorgel stammt von 1740.

Information, Öffnungszeiten und Führungen: Heidrun Mießner, Dorfplatz 45 (gegenüber der „Alten Schmiede"), 06774 Mühlbeck, © (03493) 55344 oder 510212. Jederzeit auf Anfrage.
Gottesdienst: alle drei Wochen So. 9 Uhr

In der Mühlbecker Kirche

Der Altarschrein von links nach rechts: Evangelist Johannes, Bischof Augustinus, Maria mit dem Jesuskind, Bischof Nikolaus und heilige Ottilia

Die Heiligen Barbara, Dorothea, Ursula und Margarethe

Übernachtung und Gastronomie

€ **Mühlbecker Hof**
Dorfplatz 37, 06774 Mühlbeck, ✆ (034 93) 553 96, Fr.-Mi. 11-14, 17-22 Uhr
Kleine, behagliche Pension im Buchdorf, solide Hausmannskost.

Friedersdorf

Der 1222 erstmalig als Friderichestorf erwähnte Ort bildet nach Norden das Tor zur Muldeaue. Der Name deutet auf den Grafen Friedrich I.

von Brehna (um 1126–1182), der als Begründer des Grafengeschlechts sowie als Ortsgründer von Friedersdorf gilt oder auf seinen Sohn Friedrich II. († 1221), der den Ort dem Bischof Bruno von Meißen schenkte. Ein Bestattungsplatz der Jungbronzezeit und Frühen Eisenzeit weist auf eine wesentlich frühere Besiedlung. Der Ort macht allerdings keinen alten Eindruck, da die heutigen Gebäude aus dem 19. und 20 Jh. stammen. Das älteste ist das Gasthaus „Zur Linde“ (18. Jh.) am Dorfplatz, wo sich auch die 1899 geweihte Kirche befindet, die den Vorgängerbau aus dem 12. Jh. ersetzt hat. Der neugotische Ziegelbau lässt von außen nicht ahnen, dass sich darin ein wertvoller gotischer Flügelaltar (um 1515) aus der Werkstatt Lucas Cranachs mit Malereien und Holzschnitzereien befindet.

Information und Öffnungszeiten: Förderverein „Kirche Friedersdorf und ihre Inneneinrichtung" e. V., Frau Eva Geidel (Vorsitz), Muldensteiner Str. 72, 06749 Friedersdorf, ✆. (0 34 93) 5 59 94. Schlüssel bei der Firma BESA gegenüber.

Führungen: nach Anmeldung

Gottesdienst: alle 14 Tage So. 9 Uhr (Information bei Frau Geidel)

Übernachtung

€€ Gasthof Zum Stern

Bitterfelder Str. 33, 06749 Friedersdorf,
✆ (0 34 93) 5112 01 oder (0172) 6 80 53 07, 🖷 5112 09,
Internet: www.antik-gasthof-friedersdorf.de

Kleine Pension, liebevoll eingerichtete Zimmer im Antik-Stil. Dusche und WC auf der Etage. Mit Bar (Fr. ab 20 Uhr), Antiquariat und Antiquitätenhandel.

Gastronomie

€-€€€ Gasthof Zum Stern (s. o.)

Di.-Fr. 11.30-14.30, ab 17.30, Sa./So. ab 11.30 Uhr

Gute Mischung von regionaler Hausmannskost und erlesenen Speisen. Schöner Biergarten unter Kastanien.

€ Zur Linde

Dorfplatz 6, 06749 Friedersdorf,
✆ (0 34 93) 5 74 70, Di. 18-22, Mi.-So. 11.30-14, 18-22 Uhr

Kleine Auswahl an schmackhaften Gerichten. Rustikale Einrichtung.

13. Etappe: Von Friedersdorf nach Schlaitz (13 km)

Friedersdorf - Muldestausee - Muldenstein - Haus am See - Schlaitz

Durch Wald und am Feldrand entlang führt der Lutherweg weiter oberhalb des Nordufers des Muldestausees, der den Übergang vom Muldetal zur Dübener Heide und somit deren westlichste Grenze bildet. Die touristischen Einrichtungen bei Schlaitz, z.B. das Fahrgastschiff Muldeperle, laden am Schluss der kurzen Tour zur Erholung am See ein. Ausdauernde Wanderer können auch die nächste Etappe gleich anschließen.

Friedersdorf wird über die Muldebrücke verlassen. Rechter Hand liegt der Muldestausee.

Der Muldestausee

Der heute als Naherholungsgebiet, insbesondere von Wassersportlern, genutzte See ist aus dem gefluteten Braunkohletagebau Muldenstein entstanden. Die Auskohlung hatte schon 1955 begonnen und war 20 Jahre in Betrieb. Nachdem Anfang der 70er-Jahre auch der Tagebau Goitzsche (s. S. 112, 119) eröffnet worden war, wurde die Mulde aus der Talaue bei Bitterfeld nach Norden verlegt, um Platz für den Bergbau zu schaffen. So fließt sie heute durch den 1975 gefluteten Muldestausee, der von ihr seinen Namen erhielt. Während der Hochwasserkatastrophe 2002 eroberte die Mulde Teile ihres ursprünglichen Flussbettes südlich von Pouch zurück. Dort war vermutlich im 10. Jh. eine Burg errichtet worden. Von deren einstigen drei Türmen gilt der rote Turm als Wahrzeichen der Region. Der Muldestausee bietet heute mit seinen ca. 24 Fischarten vielen Vögeln, darunter dem Fischadler Lebensraum (s. S. 128 „Haus am See“).

Gastronomie

Bistro und Eiscafé Zum Birkenhof
Muldensteiner Str. 87, 06749 Friedersdorf, ✆ (0 34 93) 5 56 76
im Sommer Mo.-Mi., Fr. ab 15, Sa. ab 14, So. ab 11 Uhr
Schöne Außengastronomie vor der Brücke.

Café Muldeblick
Bahnhofstr. 1, 06749 Friedersdorf, ✆ (0 34 93) 5 51 77, 🖷 51 01 77
Mitte März-Nov. Sa.-Do. ab 14 Uhr
Café hinter der Brücke. Letzte Stärkung vor der Wanderung nach Schlaitz.

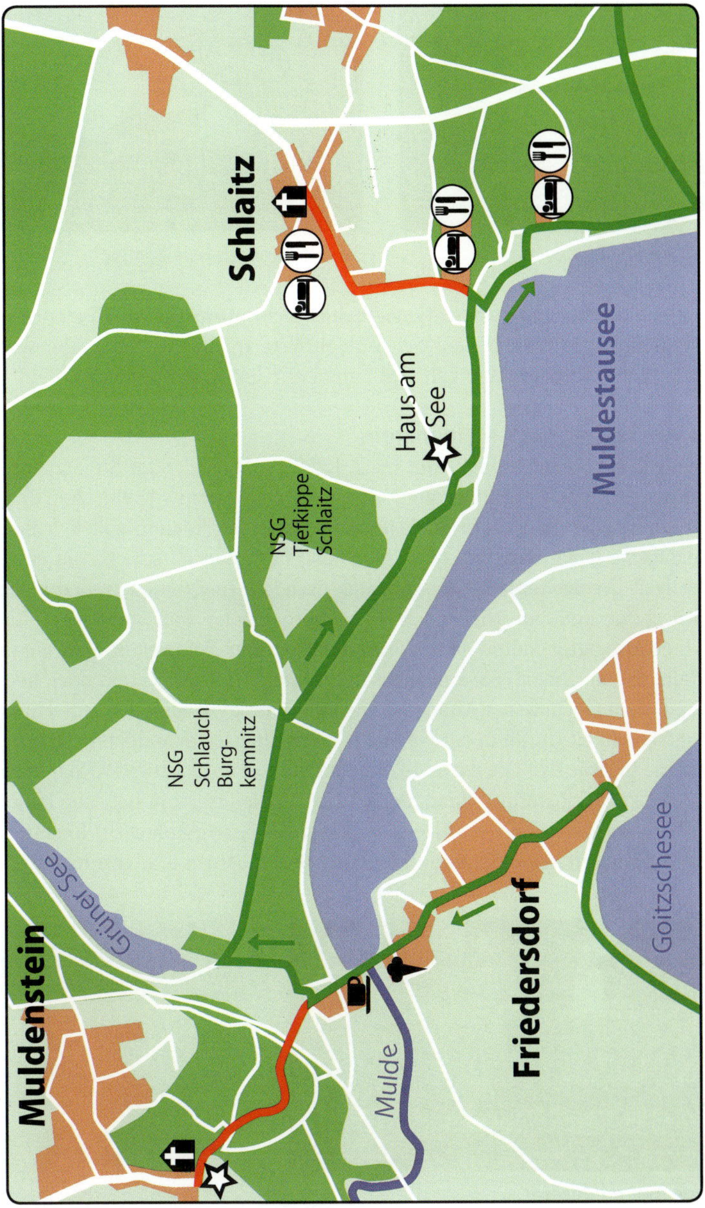
Schlaitz
Haus am See
Muldestausee
NSG Tiefkippe Schlaitz
NSG Schlauch Burg-kemnitz
Grüner See
Muldenstein
Mulde
Friedersdorf
Goitzschesee

Der Muldestausee

Das Herrenhaus Muldenstein

Ein Abstecher zum reformationsgeschichtlich interessanten Herrenhaus Muldenstein bietet sich nach der Muldebrücke an, dort wo der Lutherweg nach rechts abbiegt. Man hält sich immer auf der Straße geradeaus.

→ Abstecher nach Muldenstein

Die frühere Bezeichnung lautet Lusk, Luhsigk, Lausigk oder Steinlausigk, woraus schließlich Muldenstein wurde („Mullenstein" 1592). Auf dem Steinberg, der mit 101 m höchsten Erhebung der Region, sollen früher heidnische Opfer dargebracht worden sein. Die Legende spricht von einer dortigen Predigt Luthers. Sie entstand, nachdem sein treuer Freund Fleck (s. u.), der ihm um 1518 nach Wittenberg gefolgt war, hier seine Abschiedspredigt gehalten hatte. Vermutlich war der Reformator aber nie in Muldenstein. Eine 1783 gepflanzte Lutherlinde (s. S. 135) steht noch heute auf dem Gelände der Muldensteiner Rohrwerke. Wegen der schlechten Zugänglichkeit wurde in der Nähe des Herrenhauses eine neue gepflanzt. Im 15. Jh. war der Ort wüst. 1476 genehmigte Papst Sixtus IV. hier eine Franziskanerklostergründung, der wegen der Reformation nur eine kurze Lebensdauer beschert war. Der damaligen Klostervorsteher Dr. Johannes Fleck stand im Briefkontakt mit Martin Luther, sprach u. a. gegen den Ab-

Innenhof mit Kloster

Steintafeln im Kirchenraum

lasshandel und wünschte sich eine Reformierung der Kirche. Prior Fleck war ein bedeutender Mann, hatte er doch 1502 die Festrede bei der Einweihung der Universität Wittenberg gehalten. Nachdem Fleck 1517 ein Thesenpapier zugesandt bekommen hatte, nahm er für Luthers 95 Thesen sofort Partei, was als erste öffentliche Zustimmung zur Reformation überhaupt gilt. Luther sagte über ihn: „ich habe Flecken lieb". Am 10.04.1531 wurde das Kloster von Visitatoren aufgesucht und bereits am 14.04. aufgelöst. Auf dem Klostergelände entstand ab 1541 ein Rittergut, das 1555 durch Heinrich von Gleisenthal ausgebaut und später Muldenstein genannt wurde. Der Ort wurde neu gegründet. Die zwischen 1100 und 1200 erbaute romanische Pfarr- und spätere Klosterkirche ist die älteste der Umgebung und diente nach der Reformation als Ortskirche.

Felder am Lutherweg

Der Aussichtspunkt „Fischadler"

Kirche und Kloster wurden mehrfach umgebaut. Das heutige Herrenhaus ist mit Kirche, Hochzeitszimmer und einem Partysaal bestens für romantische Hochzeitsfeiern ausgerüstet. Neben der Heimatstube mit Exponaten zur regionalen Geschichte ist besonders die Kirche mit dem Altaraufsatz und der Kanzel (17. Jh.), der Rühlmannorgel und den beiden Epitaphen (die Klosterstifter Herren von Ammendorf, 1477 und die Eheleute Siegel, 1515) sehenswert.

Information: Herrenhaus Muldenstein, Friedersdorfer Str. 1, 06804 Muldenstein, ✆ (0 34 93) 51 13 09
Öffnungszeiten, Führungen und Gottesdienst: nach Anfrage (s. o.)

Der Lutherweg führt zunächst oberhalb des Muldestausees weiter, vorbei am Naturschutzgebiet Schlauch Burgkemnitz, einer renaturierten Tagebaufolgelandschaft, die seit 1963 ihrer natürlichen Entwicklung überlassen wird. Der nächste markante Punkt ist der „Aussichtspunkt Fischadler“ (s. u. „Haus am See“). Weiter westlich liegt linker Hand das Naturschutzgebiet Tiefkippe Schlaitz, heute als großflächiges Feuchtgebiet ein wertvolles Brutgebiet für zahlreiche bedrohte Sumpf- und Wasservögel.

Auf dem Weg nach Schlaitz

Haus am See

Das 1993 in ökologischer Bauweise errichtete Informationszentrum für Umwelt und Naturschutz zeigt in einer Dauerausstellung die Geschichte der Bergbaufolgelandschaft mit der Entwicklung der heimischen Fauna und Flora. Anhand einer Videopräsentation und über siebzig präparierten Tieren und Nestern werden darüber hinaus Kennzeichen und Lebensweise der Tiere sowie der Natur- und Artenschutz erläutert. Einen besonderen Schwerpunkt bildet der Fischadler, ein etwa bussardgroßer Greifvogel, der seit 1995 hier brütet und sich durch Übertragung einer Livecam direkt beobachten lässt. Weitere Bildungsangebote sind u. a. Exkursionen auf dem Naturlehrpfad, der Besuch der Lehrgärten zur gesunden Lebensweise und Sensibilisierung der Sinne sowie kreatives Gestalten mit Naturmaterialien.

Information: Haus am See, Am Muldestausee 2, 06774 Schlaitz,
✆ (03 49 55) 214 90, 🖷 216 01,
Internet: www.informationszentrum-hausamsee-schlaitz.de
Öffnungszeiten und Führungen: Mo.-Fr. nach Vereinbarung,
So. Apr.-Okt. 14-17, Nov.-März 13-16 Uhr.

Beim Haus am See

Wer am Muldestausee oder in Schlaitz übernachtet (s. u.), möchte vielleicht einen Abstecher zur Kirche unternehmen.

→ Abstecher nach Schlaitz

Der 1435 als Slawticz erwähnte Ort gehört heute zur Verwaltungsgemeinschaft Schmerzbach. Die kleine romanische Dorfkirche aus Feldstein stammt ursprünglich aus dem Jahre 1287, Umbauten von 1799 gaben ihr die heutige Gestalt. Das Kirchenschiff wird durch schlanke Rundbogenfenster gegliedert. Innen sind ein Kanzelaltar, eine kleine Madonnenfigur und ein Kruzifix (Mitte 15. Jh.) sowie eine Orgel von Friedrich Wäldner aus Halle zu sehen.

Information: Pfarramt Krina, ✆ (03 49 55) 2 02 75
Öffnungszeiten und Führungen: Frau Eckardt in Schlaitz,
✆ (03 49 55) 2 12 73
Gottesdienst: 1-2-mal im Monat, Informationen im Pfarramt Krina (s. o.)

Übernachtung (Seeufer)

€ **Heide-Camp Schlaitz, Fam. Walter Berger**
Am Muldestausee, 06774 Schlaitz,
✆ (03 49 55) 2 05 71, 🖷 2 06 56, Internet: www.heide-camp-schlaitz.de
Wanderhütten und Bungalows am Campingplatz.

€-€€ **Schachtbaude**
Am Muldestausee, 06774 Schlaitz,
✆ (03 49 55) 2 02 79, 🖷 4 08 88, Internet: www.schachtbaude.de
Bungalows bei der alten Traditionsgaststätte der Bergarbeiter.

Gastronomie (Seeufer)

€ **Seeklause im Heide-Camp** (s. o.)
März-Okt. tägl. 11-22, Nov.-Feb. Fr.-So. 11-22 Uhr
Rustikal, einfache gutbürgerliche Küche,
Imbiss und Außengastronomie.

€ **Schachtbaude** (s. o.)
März-Okt. Di.-So. 11-22, Nov.-Feb. Sa./So. 11-20 Uhr
Schöne rustikale Einrichtung, regionale Küche,
Wildgerichte. Mit Außenterrasse.

Figur vor der Schlaitzer Kirche

Übernachtung und Gastronomie (Ortsmitte)

€€ **Landgaststätte Schlaitz**
Freiheitsstr. 59, 06774 Schlaitz,
✆ (03 49 55) 2 04 34, 🖷 2 04 73,
Internet: www.landgaststaette-schlaitz.de
Hotel mit gut ausgestatteten Zimmern,
€ Gaststätte: rustikal, regionale Spezialitäten.

13. ETAPPE

Abschnitt 5: Die Dübener Heide

Der Name des Naturparks und Landschaftsschutzgebiets lässt eine Heidelandschaft mit Zwergsträuchern und Mooren erwarten. Doch sie sind hier nur vereinzelt anzutreffen. Der ursprünglichen Bedeutung von Heide als „unbebautes, wildgrünendes Land, Waldgegend" wird die Dübener Heide mit ihren Kiefern-, Eichen- und Buchenwäldern eher gerecht. Zu Luthers Zeiten reichte die Waldfläche sogar bis an die Tore der Städte Bitterfeld, Delitzsch, Eilenburg, Torgau, Wittenberg und Dessau heran. Bedingt durch die wachsende Industrie der frühen Neuzeit (Holzverarbeitung, Pechproduktion, Förderung von Alaun und Raseneisenstein) ging bereits in der 2. Hälfte des 16. Jh. fast ein Drittel der Waldfläche verloren. Seit dem 18. Jh. nahm der Anbau von Kiefern zu. Naturnahe Buchenwälder sind heute vor allem in der Mitte zu finden. Eine intensive Ausbeutung der Bodenschätze erfolgte aber erst im 19. Jh. Benannt wurde das heute größte zusammenhängende Waldgebiet der mitteldeutschen Tiefebene nach der Stadt und Burg (Bad) Düben, nachdem ab 1900 der erste Tourismus aufkam. Bedingt durch ihre sandigen Böden war die Dübener Heide in vor- und frühgeschichtlicher Zeit wenig besiedelt. Aus der Bronzezeit sind Grabhügel erhalten. Von einer Siedlungskontinuität ist aber erst seit dem 10./11. Jh. zu sprechen. Ihre Höhenunterschiede sind gering. Von den beheimateten Tieren ist besonders der Biber hervorzuheben.

Die Dübener Heide wird auch als „Wiege der Reformation" bezeichnet. Martin Luther wird sie öfter durchreist haben. Welche Wege ihn genau durch den großen Wald führten, ist nicht bekannt. Im Sommer 1519 wählte er vermutlich auf seinem Weg nach Leipzig die Straße über Kemberg im Norden und Düben im Süden. Ein Höhepunkt ist der Lutherstein am Wegesrand, auf dem er zu Studenten gepredigt haben soll.

14. Etappe: Von Schlaitz nach Hammermühle (Bad Düben) (18 km)

Schlaitz - Schwemsal - Hammermühle - Bad Düben

Diese Etappe führt durch die tiefen Wälder der Dübener Heide. An der Schachtbaude (s. o.) vorbei geht es weiter zur Europahütte, die 1992 von dreißig Jugendlichen aus mehreren europäischen Ländern im Rahmen eines Feriencamps gebaut wurde. Hier wird der Muldestausee verlassen. Durch die Schlaitzer Heide führt der Lutherweg auf dem Bierweg nach Osten weiter. Hier wurde früher Bier transportiert.

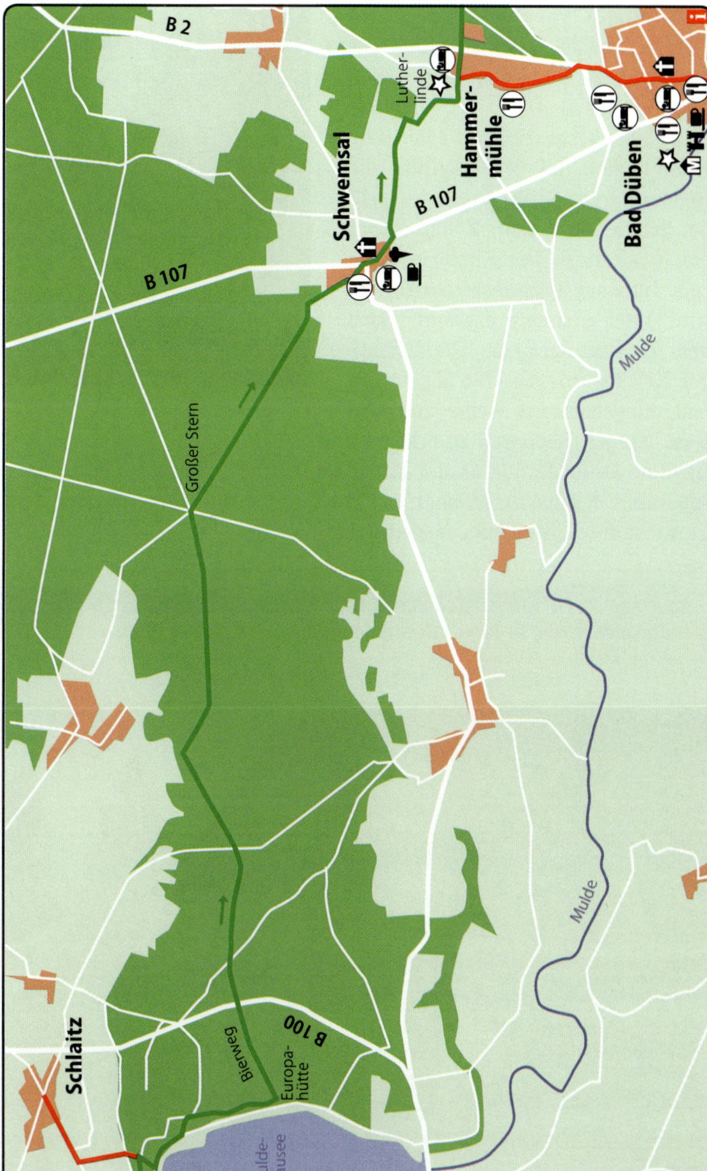
B 2
Luther-
linde
Hammer-
mühle
Schwemsal
B 107
B 107
Bad Düben
Mulde
Großer Stern
Mulde
Bierweg
B 100
Europa-
hütte
Schlaitz
Mulde-
stausee

Schwemsal

Der urkundlich erstmals 1394 als Sweymsil erwähnte Ort wurde 2003 als „Schönstes Dorf im Landkreis Bitterfeld“ ausgezeichnet. Zahlreiche Hinweistafeln im Ort erläutern die Bedeutung früherer Gebäude, z. B. der Schule. Zu Luthers Zeiten war er ein Bauerndorf. Die Kirche gehörte zum Dübener Erzpriesterbezirk und wird 1495 erstmals erwähnt. Nach den Zerstörungen im Dreißigjährigen Krieg wurde sie 1766 abgetragen und neu gebaut. Die Weihe fand 1768 statt, wie am Südportal zu erkennen ist. Eine Besonderheit an der schlichten Kirche ist, dass es früher zwei separate Eingänge für Männer und Frauen gab. Am Männereingang beim Turm ist die Schwelle tief ausgetreten.

Der Bierweg

Information, Öffnungszeiten und Führungen: Haus Einkehr (s. u.)
Gottesdienst: alle 14 Tage, Informationen beim Haus Einkehr (s. u.)

Die Kirche in Schwemsal

In der Dübener Heide

In Schwemsal achte man genau auf den mit dem grünen „L“ ausgeschilderten Lutherweg in Richtung Hammermühle/Bad Düben, denn hier zweigt ein anderer, mit grünem „X“ gekennzeichneter Lutherweg nach Norden ab (Wanderweg Bad Düben-Kemberg, 25 km), der in der Dübener Heide parallel verläuft und erst bei der Schladitztanne (s. S. 144 f.) wieder auf den „neuen“ Lutherweg trifft.

Übernachtung

€ Pension Haus Einkehr
Bitterfelder Str. 20, 06774 Schwemsal, ✆ (03 42 43) 5 21 19,
🖷 5 21 40, Internet: www.hauseinkehr.de
Gemütliche Zimmer, großer Gemeinschaftsraum, mit Informationsbroschüren. Platz für bis zu 25 Personen.

Gastronomie

€ Gasthaus Am Schafsberg
Bitterfelder Str. 16, 06774 Schwemsal, ✆ (03 42 43) 2 44 36
Fr.-Di. 11.30-22 Uhr
Rustikale Einrichtung, Hausmannskost, gute Lebergerichte.

Gutsscheune
Dübener Str. 22, 06774 Schwemsal, ✆ (03 42 43) 3 45 92, 🖷 5 21 40,
Internet: www.gutsscheune.de, tägl. 14.30-17 Uhr
Café im Kultur- und Informationsbüro zur Dübener Heide. Platz für größere Gruppen.

Hammermühle

In der Dübener Heide sind über 200 Mühlenstandorte nachweisbar, davon gab es viele schon zu Luthers Zeiten. Namensgebend für den Ortsteil, heute zu Bad Düben gehörig, war eine bereits im 14. Jh. erwähnte Mühle am Hammerbach, von der sich keine Reste erhalten haben. Der ehemalige Mühlteich ist zum Schwimmbad ausgebaut. Ursprünglich als Eisenhammer angelegt, wurde sie 1663/64 als einfache Schneidemühle errichtet, später um eine Mahl-, dann um eine Ölmühle erweitert und kurz

Bei der Lutherlinde

nach 1900 stillgelegt. Das Gebäude brannte 1966 ab. Heute steht eine kleine Lutherlinde anstelle der großen Linde im Bereich des ehemaligen Mühlengrundstücks. Lutherlinden, Lutherbuchen und Luthereichen wurden zum Gedenken an Martin Luther gepflanzt – viele davon 1783 oder 1883 anlässlich des 300. bzw. 400. Geburtstag des Reformators.

Übernachtung

€€ Pension Am Mühlläufer
Mühlläufer 14, 04849 Bad Düben, OT Hammermühle,
✆/🖷 (03 42 43) 5 08 37, Internet: www.am-muehllaeufer.de
Schöne Zimmer, ruhige Lage.

Gastronomie

€ Gasthof Hammermühle
Lange Str. 2, 04849 Bad Düben, OT Hammermühle,
✆ (03 42 43) 2 23 70, Mi.-So. 11-23 Uhr
Gutbürgerliche Küche.

Ein Abstecher führt in Richtung Süden nach Bad Düben in Sachsen.

→ Abstecher nach Bad Düben

Die kleine Stadt an der Mulde ist heute als Kurstadt bekannt. Im Kurgebiet im Norden werden vor allem orthopädische Beschwerden behandelt. Der ab 1846 angelegte Stadtpark, die heutige Kurparkanlage, markiert den Beginn des Kurwesens. Bad Düben entwickelte sich ab dem 11. Jh. am Fuße der Burg, die ihr auch den Namen gab. Die verkehrsgünstige Lage am Muldeübergang an einer alter Handels- und Heerstraße (heutige im Wesentlichen B2) wirkte sich nicht immer positiv aus. In Kriegszeiten war die Stadt schnell verheerenden und plündernden Scharen ausgesetzt. Nachdem Martin Luther hier die Reformation 1519 eingeführt hatte, gab es 1532 ein weiteres, mit dem großen Reformator in Verbindung stehendes Ereignis: die Kohlhaseschen Händel, über die Heinrich von Kleist die Novelle von „Michael Kohlhaas“ schrieb.

Der Eingang zur Burg

Burg Düben

Die erstmals 981 als „Dibni“ erwähnte Anlage diente als Schutz des Muldeübergangs sowie als Herrschafts- und Verwaltungsmittelpunkt. Um 1450 wurde sie fast vollständig zerstört und nur zum Teil zehn Jahre später wieder aufgebaut. Der Torturm (Teile aus dem 13. Jh.) ist heute das älteste Gebäude auf dem Burgareal. Das wieder errichtete Haupthaus der Burg diente seit 1531 als kursächsischer Amtssitz und beherbergt seit 1953 das Landschaftsmuseum der Dübener Heide, das in seiner Dauerausstellung die Stadt- und Regionalgeschichte sowie die Entwicklung der Dübener Heide präsentiert. In der mittleren Etage des Turms sind Gemälde zu Hans Kohlhase zu sehen. Im zweiten Stock bietet sich ein Ausblick in drei Richtungen.

Hans Kohlhase, Gemälde von Volker Pohlenz

Dem Kaufmann Hans Kohlhase aus Cölln (Altkölln ist heute ein Stadtviertel in Berlin) wurden auf seiner Reise zur Leipziger Herbstmesse in Wellaune bei Düben auf Anweisung des Junkers Günther von Zaschnitz zwei seiner Pferde abgenommen. Kohlhase forderte sie vergebens zurück. Neben seinen Verlusten durch die halb verpasste Messe wurde ihm zusätzlich sein Kredit gekündigt. Seine Existenz war gefährdet. Im Mai 1533 fanden auf der Burg Düben deswegen Vergleichsverhandlungen statt, Kohlhase bekam aber trotz eindeutiger Beweislage nicht Recht, kämpfte weiter und bat nach fast zwei Jahren im Dezember 1534 Martin Luther um Rat, der ihm nahe legte, Frieden anzunehmen und keine Rache zu üben. Kohlhase aber hörte nicht und wurde 1540 hingerichtet. Im ca. 4 km entfernten Ortsteil Wellaune erinnert ein Denkmal vor dem historischem Restaurant und der Pension Kohlhaasenkrug an die Geschichte.

Information: Landschaftsmuseum der Dübener Heide, Burg Düben, Neuhofstr. 3, 04849 Bad Düben, ✆ (03 42 43) 2 36 91, 🖷 2 36 12, Internet: www.museumburgdueben.de

Öffnungszeiten: Di.-Do. 9.30-16, Fr. 9.30-12, Sa. 13-17 (Nov.-Feb. bis 16), So. 10-17 Uhr

Goldener Löwe

Das Erdgeschoss des Gasthofes gegenüber der Burg besteht im Wesentlichen aus den Mauern der ältesten Dübener Kirche aus der Zeit der Romanik, die vermutlich im Zuge der Reformation aufgegeben wurde. Hier sollen schon Martin Luther wie auch Hans Kohlhase gespeist und übernachtet haben.

Luther im Gasthaus, Wandgemälde

Weitere Sehenswürdigkeiten sind die Stadtkirche St. Nikolai (um 1200 errichtet, im 19. Jh. umgestaltet) in der Lutherstraße, das Pesttor (1577), Zugang zum wegen der großen Pest damals außerhalb der Stadt angelegten Friedhof, und die Wassermühle (1651).

Übernachtung und Gastronomie

€€€ **Hotel Kurhaus**
Parkstr. 25, 04849 Bad Düben, ✆ (03 42 43) 5 25 70, 🖷 5 25 72, Internet: www.kurhaus-baddueben.de
Kleines, ruhiges Hotel im Kurpark am HEIDE SPA. Restaurant mit Terrasse. Internationale Küche für gehobene Ansprüche.
€€-€€€ Restaurant Mo./Mi.-Sa. 12-22, So. 11-22 Uhr (im Winter ggf. abweichend)

€€€ **Burgschänke & Herberge „Goldener Löwe"**
Leipziger Str. 5, 04849 Bad Düben, ✆ (03 42 43) 28 60, 🖷 2 86 66, Internet: www.burgschaenke-goldenerloewe.de
Das älteste mittelalterliche Bauwerk der Stadt (s. o.). Große Auswahl an gutbürgerlicher Küche. Im Restaurant Gemälde mit Martin Luther, Gustav Adolf und Napoleon. Mit Biergarten.
€-€€ Restaurant: tägl. ab 12 Uhr

☕ 🍦 €-€€ **Hotel National**
Ritterstr. 16, 04849 Bad Düben, ✆ (03 42 43) 2 86 99 00, 🖷 2 36 88, Internet: www.hotelnational.net/
Adlercafé tägl. ab 14 Uhr, Restaurant Mo.-Fr. ab 17, Sa./So. ab 8 Uhr
Kaffee und Kuchen in der gemütlichen, rustikalen Gaststätte. Große Auswahl im Restaurant. Mit Biergarten, Konferenzzimmer und Kegelbahn.

15. Etappe: Von Hammermühle zum Ochsenkopf (19 km)

Hammermühle - Tornau - Döbeltsmühle - Eisenhammer - Köhlerei - Lutherstein - Bauerhaus - Ochsenkopf

Die nächsten acht Kilometer führt der Lutherweg parallel des Hammerbachs weiter. Während der Saaleeiszeit (vor ca. 230.000 bis 130.000 Jahren) war die Dübener Heide von Eis bedeckt. Der Hammerbach war einst eine der vielen Schmelzwasserrinnen vom ehemaligen Inlandeis zu den Urstromtälern. Er fließt in südlicher Richtung der Mulde zu, während z.B. der Fliethbach nördlich von Wörlitz in die Elbe mündet.

Holzskulptur vor Tornau

Beim Überqueren der heutigen B 2, einer schon im Mittelalter beliebten Handels- und Pilgerstraße, wird das Bundesland Sachsen wieder verlassen und Sachsen-Anhalt betreten. Dafür steht die Naturparkstele mit zwei Bibern, gehalten in den jeweiligen Landesfarben. Weitere Skulpturen deuten auf den bald beginnenden Stelenweg, der bereits zu Tornau gehört.

Tornau

Fast skurril wirkt die große Ansammlung von imposanten Holzstelen am Köhlerweg, daher auch „Stelenweg“ genannt. Seit 1999 findet hier jedes Jahr am letzten Juliwochenende ein großer Internationaler Holzskulpturenwettbewerb statt. Zwei Tage lang wetteifern Künstler aus ganz Deutschland, Großbritannien und anderen Ländern mit ihren Motorsägen miteinander um die Ehre, ihre Skulptur als die schönste ausgepreist zu bekommen. Der Kettensägenwettbewerb geht auf eine Idee des Heidemalers und Holzbildhauers Wolfgang Köppe (geb. 1926) zurück, der hier auf dem Gehöft der ehemaligen Weichersmühle, einst eine Öl- und Walkmühle (erbaut um 1680), später auch als Papier- und Pappenmühle genutzt, sein Domizil und Atelier hat.

Die Naturparkstele

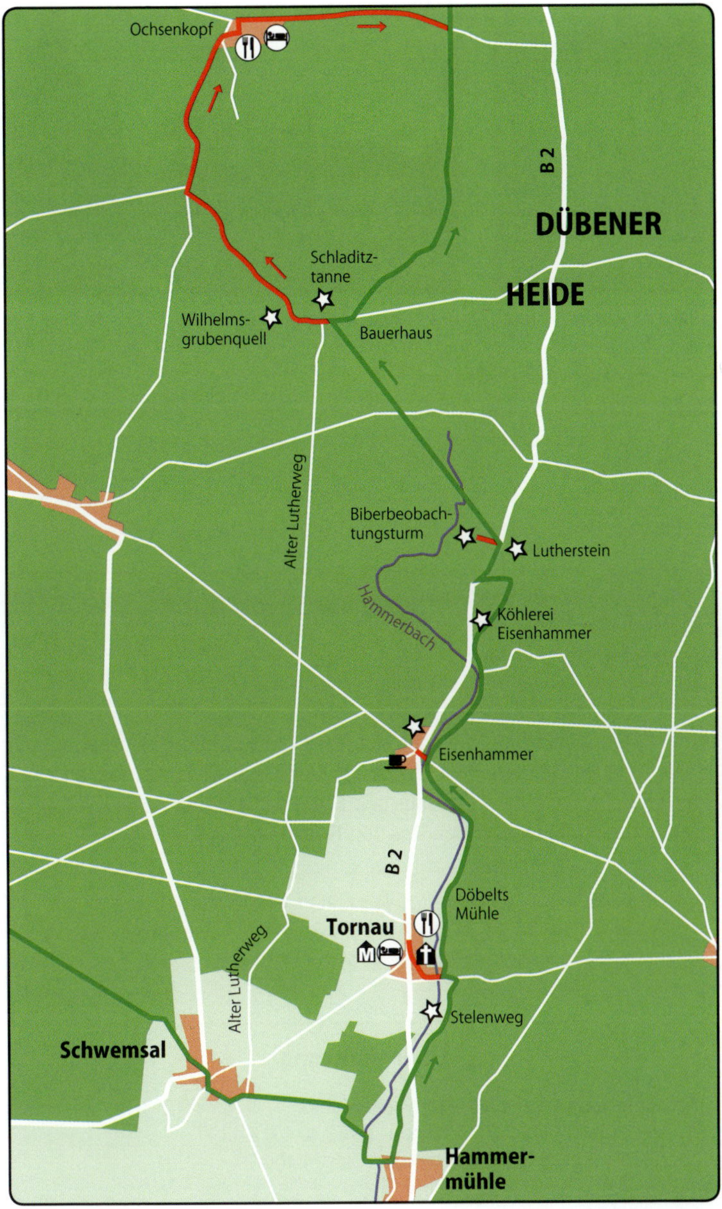
Ochsenkopf
B 2
DÜBENER
HEIDE
Schladitz-
tanne
Wilhelms-
grubenquell
Bauerhaus
Alter Lutherweg
Biberbeobach-
tungsturm
Lutherstein
Hammerbach
Köhlerei
Eisenhammer
Eisenhammer
B 2
Döbelts
Mühle
Tornau
Alter Lutherweg
Stelenweg
Schwemsal
Hammer-
mühle

15. ETAPPE

„Unser täglich Hoffnung"

Die Tornauer Dorfkirche

→ Abstecher in den Ort

An der Straße führt links ein Abstecher in den bereits 1252 erwähnten Ort Tornau. Die schlichte Kirche geht auf einen Bau vermutlich von 1519 mit drei Glocken zurück. Nach dem Dreißigjährigen Krieg wurde sie 1664 wieder neu aufgebaut. Ihre heutige Gestalt stammt von 1778. Bemerkenswert ist das vom Heidemaler Köppe restaurierte Gemälde (ca. 16. Jh.).

Öffnungszeiten: Schlüssel bei Heinz Händler, Hauptstr. 4 (Parallelstraße zur B2), 06774 Tornau
Gottesdienst: alle 14 Tage

In der alten Dorfschule befindet sich das Naturparkbüro Sachsen-Anhalt des Vereins Dübener Heide e. V. Dazu gehören eine Heimatstube mit einer Ausstellung von Geräten für Haus und Hof sowie ein Galeriecafé mit wechselnden Ausstellungen, besonders von Künstlern der Region.

Information: Naturparkbüro Sachsen-Anhalt, Krienaer Str. 2, 06774 Tornau, © (03 42 43) 2 47 61, E-Mail: info@naturpark-duebener-heide.com
Öffnungszeiten und Führungen: nach Vereinbarung

Übernachtung

€ Zimmervermietung Herbert Frömmichen
Wittenberger Str. 11, 06774 Tornau, © (03 42 43) 2 43 97
Kleine Pension an der B2 gegenüber der Kirche.

Gastronomie

€ **Sirtaki**
Wittenberger Str. 3, 06774 Tornau, ✆ (03 42 43) 2 47 41
Mo./Di. 17-22, Mi.-So. 11.30-14.30, 17-22 Uhr
Griechische Gaststätte mit großer Auswahl und Biergarten an der B 2.

Döbelts Mühle

Nach dem Abstecher führt der Köhlerweg weiter zu einer Mühle, benannt nach der Eigentümerfamilie. Die ursprüngliche Papiermühle von 1696 fungierte ab Mitte des 19. Jh. als Mahl- und Schneidemühle. Gesägt und geschrotet wurde dort noch bis Anfang der 1990er-Jahre.

Die ehemalige Döbelts Mühle

→ Abstecher nach Eisenhammer

An der nächsten Querstraße führt links ein Abstecher zum Ortsteil Eisenhammer. Der Name stammt von einer mit Wasserkraft vom Hammerbach betriebenen Hammerschmiede. Auf dem Gehöft des ehemaligen Werks befindet sich heute das Bistro. Gegenüber steht eine kursächsische Halbmeilensäule mit der Jahreszahl 1723. August der Starke (oben: AR = Augustus Rex) verfügte 1721, an den Poststraßen Meilensäulen und -steine aufzustellen. Zwei Stunden (= 4,531 km) entsprachen einer Meile (= 9,062 km). Zur Preußenzeit (ab 1815) wurden die sächsischen Postsäulen dann wieder entfernt und zumeist zerstört. Die Halbmeilensäule in Eisenhammer ist eine Kopie von 1999 nach den Resten des in Naschkau, einem Ortsteil von Tiefensee, gefundenen Originals. Anhand der Seitennummer (18) konnte der ursprüngliche Standort in Eisenhammer aber noch ermittelt werden.

Die Halbmeilensäule

Gastronomie

€ ☕ Bistro Schlemmerstube Eisenhammer
An der A 2, 06774 Tornau, ✆ (0177) 2638194
Apr.-Okt. Mo.-Fr. 7.30-14, Do. 7.30-18, So. 10.30-18 Uhr
Zum draußen sitzen, kleine Imbissgerichte.

Köhlerei

Ohne Abstecher gelangt der Wanderer bald zur historischen Köhlerei Eisenhammer, wo Holzkohle aus heimischem Holz erzeugt wird. Sie ist die letzte produzierende Köhlerei der Dübener Heide. Zur Anschauung blieb ein alter Erdmeiler erhalten. Ein kleiner Tierpark lädt zum Besuch ein.

Information: Köhlerei Eisenhammer, Köhlerei Eisenhammer 1, Hans-Joachim Lindner, 06774 Tornau, ✆ (03 42 43) 254 49
🖷 254 57, ✆ privat (03 42 43) 27 90 33
Öffnungszeiten: tagsüber Mo.-Sa. (So. mit Einschränkung, genaue Zeiten auf Anfrage, Spende erwünscht)
Führungen: für Gruppen auf Anmeldung (ca. 1 Std.)

Der Lutherstein

Luther und das Wandern

Luther war besonders in seinen jungen Jahren oft auf Schusters Rappen unterwegs. Zu seiner Zeit war es üblich, auch lange Wege zu laufen. Hier eine Auswahl seiner längeren Fußreisen:

Mansfeld - Erfurt (1505): Nach Bestehen des Magister artium an der Erfurter Universität nahm Luther Urlaub, um seine Eltern in Mansfeld zu besuchen. Auf dem Rückweg soll der Wandersmann am 2. Juli vier Kilometer nördlich von Erfurt auf einem Acker bei Stotternheim in ein schweres Gewitter geraten sein (das „Sturmerlebnis"). Als dicht neben ihm ein Blitz einschlug, flehte er in Todesangst um Errettung „Hilf, heilige Anna, ich will ein Mönch werden" und trat danach gleich ins Erfurter Kloster ein.

Erfurt - Wittenberg (1508): Der Erfurter Orden schickte Martin Luther nach Wittenberg zu Lehre und Studium an der Wittenberger Universität. Luther legte den Weg zu Fuß zurück.

Erfurt - Rom (1510): Der Erfurter Orden schickte Martin Luther gemeinsam mit einem Ordensbruder mit einer Protestnote nach Rom, wohin beide zu Fuß gingen. Als frommer Pilger sah sich Luther in der Papststadt um und war über die Zustände dort entsetzt.

Wittenberg - Würzburg (1518): Als Distriktsvikar wanderte Martin Luther zum Generalkapitel des deutschen Augustinereremitenordens in Heidelberg. Ab Würzburg wurde er im Wagen mitgenommen. Die im Anschluss stattfindende „Heidelberger Disputation" wurde zum Meilenstein der Reformation im südwestdeutschen Raum.

Fuhr Luther später mit der Kutsche, so heißt es, sei er wegen seines Gewichts oft ausgestiegen und neben der Kutsche hergelaufen, etwa auf den sandigen Böden der Dübener Heide.

Der Lutherstein

Direkt an der B2 liegt ein großer, fast drei Meter langer eiszeitlicher Findling aus Biotitgranit. 1611 hieß er noch schlicht „grauer Stein bei der Pfahlbrücke", seit dem 17. Jh. dann „Lutherstein". Mehrere Legenden und Sagen ranken sich um den Stein, die alle mit dem großen Reformator zu tun haben.

1. Luther soll von Wittenberger Studenten bis zu diesem Stein begleitet worden sein, als er nach Leipzig zum Disput mit Dr. Johannes Eck zog.

2. Hier warteten die Wittenberger Studenten und Bürger auf Luther, als er aus Leipzig zurückkehrte. Er stieg auf den Stein und berichtete von den Ereignissen in Leipzig. Nach einer anderen Version soll sich Luther begeistert auf den Stein gestellt und das Evangelium gepredigt haben.
3. Der Teufel schleuderte den Stein auf die Straße, um Luther an der Reise nach Leipzig zu hindern.
4. Auf der Fahrt nach Worms über die Dübener Heide und Leipzig 1521 stieg Luther aus dem Wagen, um ihn wegen der schlechten Wege zu entlasten. Prompt hatte er ein Steinchen im Schuh. Als er den Schuh auszog, wuchs das Steinchen plötzlich zu dem mächtigen Findling heran. Da hatte der Teufel die Hand im Spiel. Er hatte den Stein Luther in den Schuh gelegt, um ihn daran zu hindern, dass er das Wort Gottes weiter in der Welt verkündete.

Die Bezeichnung der nahe gelegenen „Studentenwiesen“ deutet auf die beiden ersten Geschichten, die auch in kombinierter Form auftreten. Auf die Christianisierungszeit hingegen dürfte das Motiv des Teufels (der Teufel als Symbol des Heidnischen) zurückgehen, Martin Luther kam erst später ins Spiel. Schälchen bzw. näpfchenförmige Vertiefungen auf dem Stein deuten auf seine bronzezeitliche Nutzung als Kultstein.

Weiter geht es auf dem Försterweg, früher auch I-Weg genannt. Um 1500 erhielten die Hauptwege der Dübener Heide im Zuge der Vermessung als Jagdgebiet Symbole wie z. B. den Reichsapfel, während die Nebenwege oft nur mit Buchstaben bezeichnet wurden. Am ersten Weg links lohnt wegen der schönen Natur ein → Abstecher zum Biberbeobachtungsturm.

Bauerhaus und Schladitztanne

Von der früheren Försterei, die hier am ehemaligen Jagdkreuz eingerichtet worden war, ist heute nicht mehr viel zu sehen. Später gab es hier einen

Blick vom Biberbeobachtungsturm

Wegweiser in Kemberg

Die Schladitztanne

Der Wilhelmsgrubenquell

Waldbauernhof mit Schankgerechtigkeit, daher der Name „Bauerhaus". Nach dem Zweiten Weltkrieg wurden die letzten Gebäude abgerissen, die zuletzt als Wanderheim für die „Wandervögel aus Leipzig" genutzt worden waren. Der Name „Schladitztanne" (an der Kreuzung geradeaus auf der Lichtung) stammt vom Förster Gottlieb Schladitz, der um 1800 hier eine alte Fichte (früher Rottanne genannt) vor dem Raupenfraß bewahrte. Sie wurde erst 1948 gefällt. Seit 1993 führt der nachgepflanzte Baum wieder den Namen „Schladitztanne".

→ Abstecher über Ochsenkopf nach Kemberg

Wer in Ochsenkopf übernachten möchte, folgt ab der Schladitztanne dem Wanderzeichen „gelber Balken". Bald ist der Wilhelmsgrubenquell erreicht, heute ein kleiner Waldteich, eine Schichtenquelle mit stark eisenhaltigem Wasser. Hier wurde 1840–1852 erstmals in der Dübener Heide Braunkohle gewonnen.

Übernachtung und Gastronomie

€€€ Hotel Landgut Ochsenkopf in der Dübener Heide
06773 Rotta, OT Ochsenkopf, ✆ (03 49 21) 2 02 32, 🖷 2 02 38,
Internet: www.duebener-heide.com
Ruhiges 3-Sterne-Hotel mit Restaurant (€€, Wild- und Fischgerichte, Hausmannskost). Die Zimmer sind schlicht gehalten.
An Sonntagnachmittagen finden hier klassische Konzerte statt.

Wer gleich weiter nach Kemberg wandern möchte, folgt ohne Abstecher dem Lutherweg (identisch mit dem Wanderzeichen grünes „X").

15. ETAPPE

16. Etappe: Vom Ochsenkopf nach Kemberg (12 km)

Ochsenkopf - Lubast - Kemberg

Vom Ochsenkopf ist der Straße nach Osten zu folgen. Sie stößt nach ca. 2,5 km wieder auf den Lutherweg, in den links einzubiegen ist. Nach einem langen Rechtsbogen wird Lubast erreicht. Der Wald lichtet sich. In der Gegend um Lubast, Rotta und Kemberg wurde früher Wein angebaut.

Der Mühlteich

Lubast

Im kleinen Ort im Fliethbachtal führt der Lutherweg in der Töpferstraße an einer der letzten historischen Töpfereien der Dübener Heide vorbei. Die Töpferwerkstatt stammt von 1874, z. T. ist noch ältere Technik erhalten. Beachtlich ist der Zweikammer-Kasslerofen um 1890/1900. Nordwestlich von Lubast ist eine der ersten Mühlen der Dübener Heide urkundlich nachweisbar (14. Jh.), die Neumühle. Die historische Sägemühle bildet den Siedlungsrest der spätmittelalterlichen Ortswüstung Österwitz und hieß 1550 bis 1760 „Österwitzer Mühle". Da sie um 1710 nach dem Drei-

An der Töpferwerkstatt

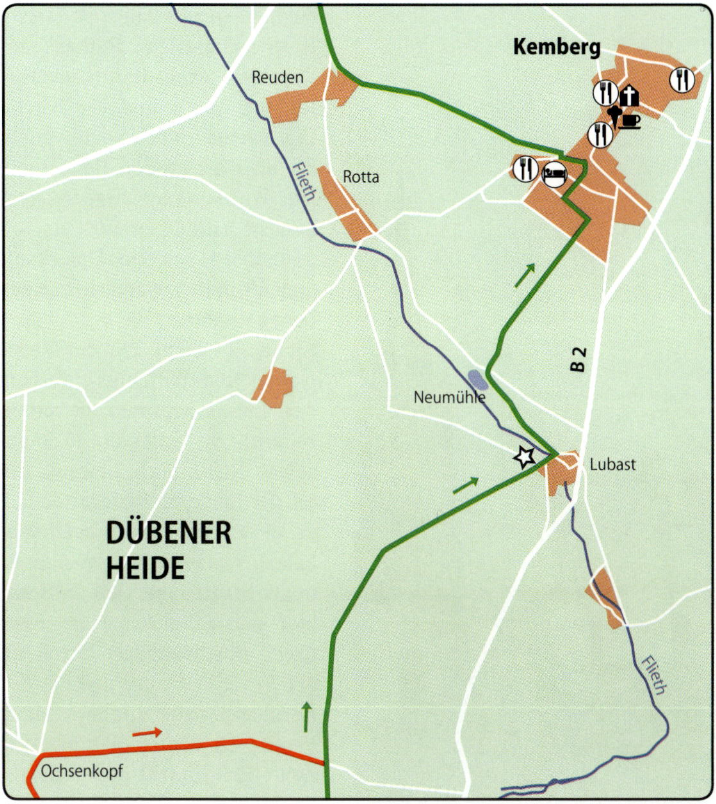

ßigjährigen Krieg wieder aufgebaut wurde, wird sie „Neue Mühle" genannt. Erhalten sind eine Dampfmaschine von 1906 sowie Mühlteich und Mühlgraben.

Kemberg

Die Kleinstadt liegt am Übergang von der Dübener Heide zur Elbaue. Gegründet wurde sie zwischen 1150 und 1200 von flämischen Siedlern, die den Namen der französischen Stadt Cambray auf den Ort übertrugen. Bald florierte hier an der alten Heerstraße (heutige B 2) der Handel. Die Seerose auf dem Kemberger Wappen deutet auf die ehemalige Zugehörigkeit zur Grafschaft Brehna (bis 1290, s. S. 112). Kemberg, bereits 1346 als Stadt erwähnt, war im 14. und 15. Jh. von einer Stadtmauer umgeben,

In Kemberg

die in Resten erhalten ist. Das im Kern spätgotische Rathaus mit Renaissanceanbauten (Giebelseiten um 1500) und die Kirche (s. u.) zeugen noch heute von ihrer ehemals großen Bedeutung. Die Wittenberger Franziskanermönche hatten hier einst ein Terminierhaus, wo sie Unterkunft finden konnten, wenn sie in Kemberg bettelten.

Kemberg ist eng mit der Reformation und Wittenberg verbunden. Luther kam hier oft vorbei, so auch im Sommer 1519 auf seiner Reise nach Leipzig. Unter der Linde im Pfarrgarten soll er an den 95 Thesen gearbeitet haben. Vierzehn Mal predigte er in der Stadtkirche. Seit 1518 war hier sein Schulfreund aus Eisenach, Bartholomäus Bernhardi (1487–1551), Propst und Pfarrer. Bernhardi hatte Luthers Ideen bereits zu seiner Wittenberger Zeit (1509 Eintritt in den Augustinerorden, seit 1512 Dekan der philosophischen Fakultät der Universität, seit dem Wintersemester 1518/19 Universitätsrektor) kennengelernt. Während des Ablassstreits unterstützte er Luther. Als erster Priester heiratete er trotz seines Gelübdes 1521 in Kemberg und wurde so der Begründer des evangelischen Pfarrhauses. Luther schrieb ihm von der Wartburg aus einen Brief mit herzlichen Segenswünschen. Bernhardis Vermählung war ein Skandal und er musste diesen Schritt öffentlich verteidigen. Bereits 1522 wurde die Reformation in Kemberg eingeführt. Am 21.02.1546 erreichte Luthers Leichenzug Kemberg. Sein Leichnam wurde in der Kirche aufgebahrt und am folgenden Tag nach Wittenberg überführt.

Stadtkirche St. Marien (Unser Lieben Frauen)

Die stattliche spätgotische Hallenkirche aus Backstein wirkt mit ihrem wuchtigen Turm überdimensional groß für die kleine Stadt. Eine repräsentative Kirche war notwendig geworden, da um 1320 die Propstei von Pratau bei Wittenberg wegen Hochwassers nach Kemberg verlegt worden war. Nach Erweiterungen um 1500 wurde im 19. Jh. ein neuer Turm im neugotischen Stil gebaut, da der alte 1854 wegen des sandigen Untergrunds eingestürzt war. Innen beachte man den Marienaltar (1470), die Epitaphien der Pröpste Bartholomäus Bernhardi und Matthias Wankel, das verzierte spätgotische Sakramentshaus (um 1500), die vorreformatorischen Heiligenfiguren, den Emporenzyklus und besonders die Reste des Flügelaltars von Lucas Cranach d. J. (1565), auf dem auch Martin Luther mit Philipp Melanchthon, Johannes Bugenhagen und Justus Jonas bei der Taufe Jesu abgebildet sind. Aus neuerer Zeit stammen das Altarkreuz (Arnulf Rainer, 2002) und die Chorraumfenster (Günter Grohs, 2002).

„Taufe Jesu", Flügelaltar

Das Kemberger Rathaus

Information: Pfarrerin Bettina Lampadius-Gaube, Kreuzstr. 8, 06901 Kemberg, ✆ (03 49 21) 2 04 07
Öffnungszeiten: Sa./So. 14-17.30 Uhr. An der Kirchenanschlagstafel weitere Kontaktpersonen zur Öffnung, tägl. 10-20 Uhr.
Führungen: nach Anmeldung bei Hertha Pohle, Wittenberger Str. 35, ✆ (03 49 21) 2 05 19 oder Dieter Schröter, Wittenberger Str. 28, ✆ (03 49 21) 6 02 60 oder (01 52) 25 47 55 99
Gottesdienst: So. 10.45 Uhr

Übernachtung

€-€€ Hotel „Schützenhaus"
Schützenplatz 1, 06901 Kemberg, ✆/🖷 (03 49 21) 2 04 21
Kleines Hotel direkt am Lutherweg, moderne Zimmer.

Gastronomie

€ Schützenhaus (s. o.)
Mi.-So. 17-24, Sa. 10-14, 17-24 Uhr
Rustikaler Gastraum, solide Küche.

€ Ratskeller
Markt 1, 06901 Kemberg, ✆ (03 49 21) 2 02 49, Internet: http://ratskeller-kemberg.de
Do.-Mo. 11-14, ab 17 Uhr
Gutbürgerliche Küche.

€ Zur Goldenen Weintraube
Wittenberger Str. 45, 06901 Kemberg, ✆ (03 49 21) 2 12 66, (0173) 516 85 93, Mo./Di./Sa. 17-22, Fr. 14-22, So. 10-14, 17-22 Uhr
Fachwerk aus dem 18. Jh. Kleine Auswahl, Hausmannskost.

€ Heidebroiler
Leipziger Str. 37, 06901 Kemberg, ✆ (03 49 21) 2 02 20
Di.-Do. ab 10, Fr. ab 11, Sa. ab 16 Uhr
Einfach, Hausmannskost.

Eiscafé Adam
Markt 11, 06901 Kemberg, ✆ (03 49 21) 2 11 50
Mo.-Fr. 11-18, Sa./So. 13-18 Uhr
Kleines Eiscafé am Markt.

Abschnitt 6: Durch das Elbtal nach Wittenberg

Die Landschaft zwischen Kemberg und Wittenberg wird von der Ackeraue des Elbtals bestimmt. Die Elbe, mit über 1.000 km Länge einer der größten Ströme Europas, entspringt im südlichen Riesengebirge nahe der Grenze zwischen Tschechien und Polen und mündet bei Cuxhaven in die Nordsee. Von Bad Schandau bis Geesthacht bei Hamburg nimmt die Elbe noch ihren natürlichen Lauf, der aus ökologischer Hinsicht unbedingt beibehalten werden sollte. Bei Kienberge beginnt das 2006 von der UNESCO erklärte Biosphärenreservat Mittelelbe, seinerseits Teil des Biosphärenreservats „Flusslandschaft Elbe", ein sich über fünf Bundesländer erstreckendes Schutzgebiet. In seinem größten Teil, in Sachsen-Anhalt, ist der ausgedehnteste Auenwaldkomplex Mitteleuropas zu finden. Das Waldgebiet ist von Eichen, Ulmen, Eschen, Silberweiden und Schwarzpappeln, die freien Flächen sind von Auenwiesen, Wasser- und Sumpfpflanzen der Altwässer, Trocken- und Magerrasen der Dünen sowie Ufervegetation der Flüsse geprägt. Die Elbaue bietet vielen bedrohten Tierarten Schutz, nicht nur in den zahlreichen Naturschutzgebieten. Im Winter versammeln sich im Reservat Mittelelbe bis zu 70.000 nordische Gänse. Die Region setzt auf „sanften Tourismus". Wanderer und Radfahrer sollen sie in ruhigem Einklang mit der Natur schätzen lernen.

Die Elbaue

Altarm der Elbe

17. Etappe: Von Kemberg nach Lutherstadt Wittenberg (22 km)

Kemberg - Bergwitz - Klitzschena - Kienberge - Elbebrücke - Lutherstadt Wittenberg

Die weite offene Landschaft gestattet bald Fernblicke auf die Türme von Wittenberg. Bis das große Ziel, der Höhepunkt des Lutherwegs, erreicht ist, sind allerdings noch etliche Kilometer zurückzulegen. Der Lutherweg verläuft auf dem größten Teil der Etappe durch eine Ackerlandschaft, die zuerst vom Bergwitzsee, nördlich von Klitzschena von Restwald und dann durch die Elbeaue unterbrochen ist und folgt dem Radweg Berlin–Leipzig. Diese Richtung nahm Luther z. B. 1521 bei seiner Reise nach Worms.

Vor dem Ortseingangsschild von Reuden ist schräg rechts dem Radweg zu folgen. Nach Überquerung der B 100 erreicht man bald den Bergwitzsee. Der ehemalige Tagebau „Roberts Hoffnung“ (1955 stillgelegt) ist heute ein beliebtes Gewässer zum Baden, Angeln und für Wassersport.

Bergwitz

Der heute zu Kemberg gehörende Naherholungsort geht vermutlich auf eine slawische Gründung zurück, der im 12. Jh. friesische Kolonisten folgten. Bergwitz kam 1513 zum Amt Wittenberg. 1529 führte Luther den ersten evangelischen Pastor Michael Mullenbach in sein Amt ein. Am Bergwitzsee gelangt man rechts über die Hallesche Straße zur Kirche (Abstecher).

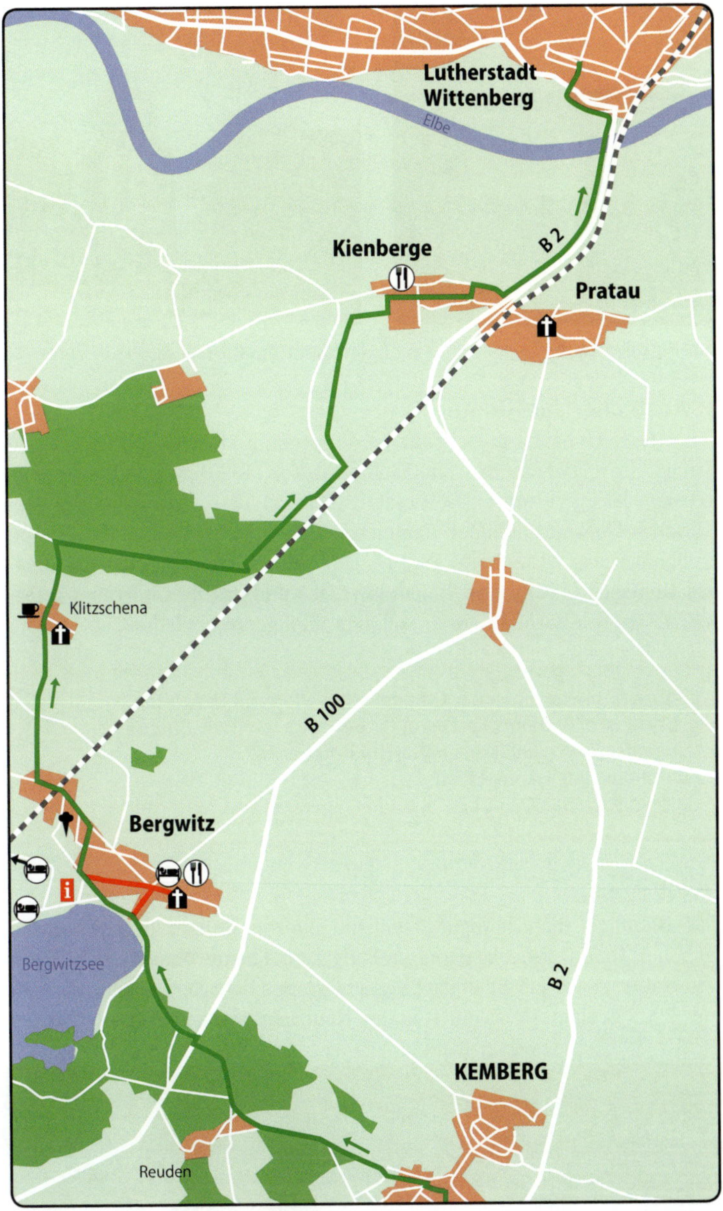
Lutherstadt
Wittenberg
Elbe
B 2
Kienberge
Pratau
Klitzschena
B 100
Bergwitz
Bergwitzsee
B 2
KEMBERG
Reuden

Der Bergewitzsee

Die spätromanische Kirche in Bergwitz

→ Abstecher zur Kirche

Das älteste Gebäude in Bergwitz ist die gegen Endes des 13. Jh. erbaute Kirche. Der Feldsteinbau mit Fachwerkturm (1823) wurde im Dreißigjährigen Krieg zerstört, 1669 restauriert und 1742 umgebaut. Die drei barocken Deckenrundbilder stammen von dem Universitätsmaler Adolph Siebenhaar aus Wittenberg (18. Jh.). Des Weiteren beachte man die Orgel aus Delitzsch (1827), den Taufstein (1745) und das im Chorraum aufbewahrte ältere Altarbild. Luther soll hier 1525 gepredigt haben.

Information: Pfarrer Hippe, Evangelisches Pfarramt Bergwitz, Lindenstr. 15, 06773 Kemberg, OT Bergwitz, © (03 49 21) 2 82 73
Öffnungszeiten: Schlüssel im Pfarrhaus nebenan
Führungen: nach Anmeldung
Gottesdienst: Sa. 10.15 Uhr

Das Waldhaus

Das Bildungs- und Bewegungszentrum informiert über den Naturpark Dübener Heide. Eine Dauerausstellung zum Thema Wasser, Wald, Holz und Natur, sowie ein Spielplatz und ein großes Schachspiel sind ab Sommer 2009 geplant. Der Eintritt in den Naturlehrgarten ist frei.

Der Kräutergarten

Information: Verein „Bergwitzsee und Heide“, Kerstin Heinze, Wörlitzer Str. 63, 06773 Kemberg, OT Bergwitz, ✆ (03 49 21) 615 70 oder (0171) 8 04 19 50, E-Mail: info@waldhaus-am-bergwitzsee.de
Öffnungszeiten: Waldhaus tägl. 8-14, Naturlehrgarten tägl. 9-19 Uhr.
Führungen: nach Anmeldung

Übernachtung

€ Camping- und Wassersportplatz Bergwitzsee
Am See, 06773 Kemberg, OT Bergwitz, ✆ (03 49 21) 2 82 28, Internet: www.bergwitzsee.de
Unterkunft im Bungalow direkt am See.

€ Bungalowsiedlung „Zum Forsthaus“
Fam. Winckelmann, Forsthaus Pietzschkau, 06773 Kemberg, OT Bergwitz, ✆ (03 49 21) 6 04 63, Internet: www.am-bergwitzsee.de
Ruhige Lage, Fahrradverleih.

€ Zum Goldenen Anker
Wittenberger Str. 1, 06773 Kemberg, OT Bergwitz, ✆ (03 49 21) 2 83 33
Unterkunft in der Ortsmitte, einfach.

Gastronomie

€ Zum Goldenen Anker (s. o.)
Di. 11.30-14.30, Mi.-So. 11.30-14.30, ab 18 Uhr
Einfache, preiswerte Gaststätte. Hausmannskost.

Eiscafé Klugmann
Bahnhofstr. 70, 06773 Kemberg, OT Bergwitz, ✆ (03 49 21) 2 83 67 im Sommer tägl. 12-18 Uhr
Kleines Eiscafé kurz vor dem Bahnhof.

Klitzschena

Am Eingang des kleinen, 1952 nach Bergwitz eingemeindeten Dorfes steht die Kirche (um 1300) aus Raseneisenstein. Der Westturm weist einen Aufsatz aus Fachwerk (1754) auf. An der Ostseite befinden sich drei schmale Fenster, von denen das mittlere zugemauert ist. Innen sind ein barocker Altaraufsatz, Decken- und Innenmalerei von Siebenhaar (vgl. S. 154), ein Taufbecken (16./17. Jh.) und Emporen mit Rankenmalerei (um 1668) zu sehen.

Information: Pfarrer Hippe, Evangelisches Pfarramt Bergwitz, Lindenstr. 15, 06773 Kemberg, OT Bergwitz, ✆ (03 49 21) 2 82 73
Öffnungszeiten und Führungen: nach Anmeldung (s. o.)
Gottesdienst: alle 2–3 Wochen, im Sommer So. 9 Uhr, im Winter Sa. nach 17 Uhr (genaue Zeiten beim Pfarramt s. o.)

Gastronomie

Gasthaus Rettel
Dorfstr. 51, 06773 Bergwitz, OT Klitzschena, ✆ (03 49 28) 2 03 05 tägl. ab 15 Uhr
Einfache, gemütliche Gaststätte. Nur Getränke.

Kienberge

Das kleine Straßendorf gehört wie auch der bereits 973 erwähnte Nachbarort Pratau heute zur Lutherstadt Wittenberg. Am Nordrand bietet sich ein weiter Blick über die Elbaue nach Wittenberg. Links heben sich der Turm der Schlosskirche, in der Mitte die Stadtkirche und rechts das Lutherhaus heraus.

Gastronomie

€ Gasthaus Kienberge
Kienbergstr. 81, 06888 Lutherstadt Wittenberg, OT Kienberge, ✆ (0 34 91) 45 01 62, Mi.-Fr. 11–14, 17–22, Sa. ab 17, So. 10–14, 16–20 Uhr
Hausmannskost, preiswert, kleiner Biergarten. In der Straße parallel zum Lutherweg (ausgeschildert).

Die Kirche von Klitzschena

Die Elbebrücke

Bereits 1428 war die erste Holzbrücke über die Elbe errichtet worden, der zwei weitere folgten. Der Bau einer Brücke aus Sandstein (1847) ermöglichte 1859 die direkte Bahnverbindung Halle/ Leipzig – Bitterfeld – Berlin. Die heutige Stahlverbundbrücke (1998–2000) verläuft parallel der Eisenbahnbrücke. Von der Brücke aus bietet sich ein schöner Blick auf den Höhepunkt des Lutherwegs: Wittenberg, die Wiege der Reformation.

Blick auf Wittenberg mit Schlosskirche (l.) und Stadtkirche St. Marien (r.)

An der Elbe

18. Etappe: Lutherstadt Wittenberg (3 km)

Schlosskirche - Schloss - Alte Canzley - Cranachhöfe - Marktplatz - Stadtkirche St. Marien - Internationales Lutherisches Besucher-Zentrum - Bugenhagenhaus - Fronleichnamskapelle - Universität Leucorea - Melanchthonhaus - Lutherhaus - Luthereiche

Wittenberg hat Martin Luther viel zu verdanken. Der große Reformator verbrachte hier die längste Zeit seines Lebens. Nachdem Johann von Staupitz ihn 1511 hierher geholt hatte, lebte er bis zu seinem Tode 1546 in Wittenberg. So gingen entscheidende Impulse der Reformation von Wittenberg aus und machten die kleine Stadt am Nordufer der Elbe zu einem weltberühmten touristischen Ziel. Seit 1996 zählen die wie an einer Perlenkette an der Schloß- und Collegienstraße aufgereihten Reformationsstätten in der Altstadt zum UNESCO-Weltkulturerbe.
Das heutige Stadtgebiet war schon früh besiedelt. Ende des 12. Jh. ist von einer askanischen Burg die Rede, die im 13. Jh. zum Mittelpunkt des neuen Herzogtums Sachsen-Wittenberg wurde. 1293 erhielt Wittenberg das Stadtrecht. Nach dem Aussterben der askanischen Landesherren 1422 fiel die Stadt an die Wettiner. 1502 gründete der Kurfürst Friedrich der Weise (1463–1525) die Universität Leucorea, die 1817 mit der in Halle vereinigt wurde, als Wittenberg zu Preußen kam. Bereits 1508 kam Luther als Lehrer an die Universität, siedelte 1511 endgültig nach Wittenberg über, wurde 1512 Theologieprofessor, 1514 Prediger an der Stadtkirche und 1515 Distriktsvikar der Augustiner. Als er 1517 mit seinen 95 Thesen gegen den Ablasshandel auftrat, löste er den Ablassstreit aus.

Kirchenfenster mit Friedrich dem Weisen

Straßenzug in Wittenberg

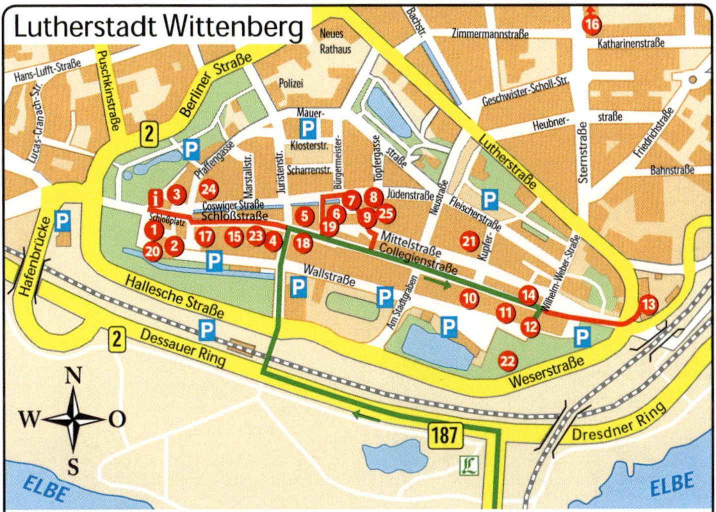

1 Schlosskirche
2 Schloss
3 Alte Canzley
4 Cranachhöfe
5 Marktplatz
6 Stadtkirche St. Marien
7 Lutherisches Zentrum
8 Bugenhagenhaus
9 Fronleichnamskapelle
10 Leucorea
11 Melanchthonhaus
12 Lutherhaus
13 Luthereiche
14 Best Western
15 Schwarzer Baer
16 Sternstädtchen
17 Jugendherberge
18 Goldener Adler
19 Tante Emma's
20 Schlosskeller
21 Central
22 Luthers Garten
23 Hofwirtschaft
24 marc de Café
25 Klatschmohn

1524 legte Luther die Mönchskutte ab und im Juni 1525 traute Johannes Bugenhagen, Stadtpfarrer und erster Superintendent, hier Luther und die ehemalige Nonne Katharina von Bora. Luthers Hochzeit bedeutete nach der Verbrennung der päpstlichen Bulle (s. S. 174) den endgültigen Bruch mit der traditionellen Kirche und löste einen europaweiten Skandal aus. Heute wird in Wittenberg jedes Jahr im Juni Luthers Hochzeit mit einem Festumzug gefeiert. Persönlichkeiten der Reformation wie Philipp Melanchthon, Johannes Bugenhagen, Justus Jonas und Georg Spalatin sammelten sich in Wittenberg und sorgten für deren rasche Ausbreitung. Durch das Wirken von Luther und Melanchthon an der Universität und durch die Buchdruckkunst erlebte die Stadt in der Reformationszeit einen wirtschaftlichen und intellektuellen Aufschwung und wurde zu einem geistigen Zentrum Deutschlands. Das alte Stadtbild Wittenbergs ist im We-

Der Marktplatz in Wittenberg

ATLAS REISEWELT

Die Schlosskirche

Die Thesentür

sentlichen bis heute erhalten. Die einzelnen Gebäude haben ihr Aussehen freilich verändert.

1 Die Schlosskirche Allerheiligen

Die Wittenberger Schlosskirche ist heute durch ihre Thesentür weltberühmt. Der Name stammt daher, dass Luther wohl am 31. Oktober 1517 seine 95 Thesen hier anschlug. Die genauen Details sind umstritten, manche bestreiten auch den Thesenanschlag an sich. Jedenfalls versandte er an diesem Tag seine Thesen als Anhang in zwei Briefen, darunter an Kardinal Albrecht von Brandenburg. Luther wollte mit seinen Thesen eine Diskussionsgrundlage schaffen. Nach neueren Forschungen folgte übrigens keine unmittelbare Reaktion. Erst die Veröffentlichung 1518 in „Ein Sermon von Ablaß und Gnade“, die in zwei Jahren 22 Auflagen erlebte, führte zum Durchbruch und zur Bildung einer öffentlichen Meinung. Mit der Kirche verbrannte 1760 die alte hölzerne Thesentür im Siebenjährigen Krieg. Die heutige bronzene stammt von 1858.

Die Schlosskirche wurde gleichzeitig mit dem Schloss (s. u.) anstelle der alten Burgkapelle im spätgotischen Stil erbaut, die Kirche 1503 geweiht und 1507 der neuen Universität inkorporiert. Nach den Schäden im Siebenjährigen Krieg und in den Napoleonischen Kriegen wurde im 19. Jh. ein fast völliger Neubau erforderlich, der mit der Neueinweihung 1892 abgeschlossen wurde. Der 88 m hohe Turm aus dieser Zeit trägt umlaufend die Worte aus Luthers Kirchenlied „Ein feste Burg ist unser Gott" und lässt sich besteigen. Oben bietet sich ein schöner Ausblick auf Wittenberg.
Das Innere der Kirche ist ganz der Reformation gewidmet: zunächst die beiden Grabstätten von Luther und Melanchthon, im Kirchenschiff vor den Emporenpfeilern die lebensgroßen Figuren bedeutender Reformatoren, im Chor die lebensgroßen knienden Steinfiguren Friedrichs des Weisen, des „Schutzherren der Reformation", und seines Bruders Johann des Beständigen, daneben jeweils deren Epitaphien in Bronze (16. Jh., von den Bronzegießern Peter Vischer d. J. und Hans Vischer aus Nürnberg). Vorreformatorisch sind die Grabdenkmale Kurfürst Rudolfs II. († 1370), seiner Gattin († 1373) und deren Tochter Elisabeth († 1353), die Ende des 19. Jh. aus der ehemaligen Franziskanerkirche am Arsenalplatz hierher kamen (s. u.).

Schloss mit Schlosskirche

Information: Küster Ivo Behr und Uwe Stibbe, Schloßplatz, 06886 Lutherstadt Wittenberg, ✆ (03491) 402585, 🖷 459726, Internet: www.schlosskirche-wittenberg.de
Öffnungszeiten: Kirche: Ostern-Okt. Mo.-Sa. 10-18, So. 11.30-18, Nov.-Ostern Mo.-Sa. 10-16, So. 11.30-16 Uhr, Turm: Ostern-Okt. Mo.-Fr. 12-16, Sa./So. 10-17 Uhr
Führungen: nach Absprache
Gottesdienst: So. 10 Uhr, Mittagsgebet jeden Mi. 12 Uhr (15 min)

2 Das Schloss

Ende des 15. Jh. musste die alte Askanierburg dem Neubau einer Residenz für Friedrich den Weisen weichen. Mehrfach zerstört, lassen heute bestenfalls die Westseite und die spätgotischen Treppenhäuser die alte Pracht des Baues erahnen. 1819 wurde er zur Zitadelle umgebaut. Heute befinden sich hier die Städtischen Sammlungen (u.a. Stadtgeschichte, Natur- und Völkerkunde). Für die Lutherdekade sind bis 2017 Umbauten geplant. Sonderausstellungen des Lutherhauses sollen hier in einem Zentralen Besucherzentrum einen neuen Rahmen erhalten. Die Städtischen Sammlungen werden wohl anderweitig untergebracht. Geplant ist ein Standort am neu zu gestaltenden Arsenalplatz (Stadtmuseum), wo 2009 das Grab des Kurfürsten Rudolf II. (ca. 1307–1370) mit seiner Familie ausgehoben wurde.

Information: Museum für Stadtgeschichte, Natur- und Völkerkunde/Städtische Sammlungen, Schloßplatz 1d, 06886 Lutherstadt Wittenberg, ✆ (03491) 4334920, E-Mail: stadtgeschichte@stadtverwaltung.wittenberg.de
Öffnungszeiten: Di.-So. 9-17 Uhr

3 Alte Canzley

Gegenüber der Schlosskirche, am Schloßplatz 3, wohnte von 1521 bis 1541 der Reformator Justus Jonas, Mitarbeiter und Freund Martin Luthers, der seine lateinischen Schriften mit übersetzte und die Reformation in Halle (s.S. 75) einführte. Das bereits 1399 als Wohnhaus des Stiftspropstes genannte Gebäude war Residenz und Dienststätte der Kanzler des Kurfürsten, in der Regel des Stiftspropstes. Spätgotische Bauteile sind erhalten, u.a. der Treppenturm und der Speiseraum. Die Einwölbungen des Hauses sollen, wie der Wendelstein, um 1500 eingefügt worden sein. In der Alten Canzley befinden sich heute ein Restaurant und ein Hotel (s.S. 175).

4 Cranachhöfe

Unter „Cranachhöfe" sind die Höfe der Gebäude Schloßstraße 1 und Markt 4, dem Cranach-Haus, zu verstehen. Lucas Cranach der Ältere (1472–1553), nach Dürer der Hauptmeister der deutschen Kunst des 16. Jh., wurde 1505 Hofmaler des Kurfürsten Friedrich des Weisen und gründete eine Werkstatt in Wittenberg. Er war ein enger Freund Martin Luthers. Mit seinen Porträts schuf er „das Lutherbild" und wurde zum „Maler der Reformation". Cranachs Bilder wurden zwar auch von den Katholiken geschätzt (z.B. von Kardinal Albrecht), seine religiösen Gemälde spielten aber bei der Verbreitung reformatorischen Gedankengutes eine wichtige Rolle (z.B. die Grafiken Cranachs in Luthers Bibelübersetzung 1522). Lucas Cranach der Ältere war nicht nur Maler, sondern auch 1537 Bürgermeister von Wittenberg, Apothekenbesitzer, Druckereibetreiber und einer der reichsten Männer der Stadt. Luthers erste Texte sowie zahlreiche andere Schriften der Reformation wurden in Cranachs Werkstatt am Markt 4 gedruckt, die dadurch schnell verbreitet werden konnten. Luther hatte somit Glück, sich in Wittenberg aufzuhalten. Cranachs Sohn Lucas Cranach der Jüngere (1515–1586) führte sein Werk und die Werkstatt nach dessen Tod weiter. Die sehenswerten Cranachhöfe werden seit 1990 erfolgreich saniert.

Cranachhof Schloßstraße 1

Lucas Cranach d. Ä.

In der Cranachwerkstatt in der Schloßstraße 1 wurde der künstlerische Nachwuchs ausgebildet. Eine lange Tradition hat der Wittenberger Buchdruck, der sich nach der Universitätsgründung in der Stadt etablierte. In der historischen Druckerei lädt eine lohnende Schauveranstaltung zur Geschichte des Buchdrucks in Wittenberg ein, u. a. über den Wittenberger Meister Hans Lufft (um 1495–1584), Luthers Bibeldrucker. Im Fachwerkhaus auf der Westseite befindet sich seit 2009 eine Cranach-Herberge für Künstler. Der Hof ist frei zugänglich. Bei der Druckerei hängen Informationstafeln zu Lucas Cranach.

Information: Historische Druckerstube, Andreas Metschke, Schloßstr. 1, 06886 Lutherstadt Wittenberg , ✆/🖷 (0 34 91) 43 28 17,
Öffnungszeiten: Mo.-Fr. 9-12, 13-16.30, Sa. 10-13.30 Uhr
Führungen: Schauveranstaltung von ca. 1,5 Std. nach Vereinbarung

Im Cranach-Haus am Markt 4 wohnte Lucas Cranach d. Ä. eine Reihe von Jahren, bevor er das Haus Schloßstraße 1 erwarb. Hier unterhielt er vermutlich 1522–1526 eine Druckerei. Im Haus befinden sich eine Dauerausstellung „Lucas Cranach der Ältere – Seiten eines Künstlerlebens“ sowie wechselnde Sonderausstellungen, wo der Besucher einiges zur Geschichte von Cranachs Druckerei, über seine Zeitgenossen, sein Werk und seine wirtschaftlichen Fähigkeiten erfährt.

Das Cranach-Haus

Beachtung verdienen auch wertvolle Deckenmalereien des 16./17. Jh. und die Hauskapelle. Der Eingang zum Museum ist am Marktplatz.

Information: Cranach-Haus, Cranach Stiftung, Markt 4,
06886 Lutherstadt Wittenberg, ✆ (0 34 91) 4 20 19 11, 🖷 4 20 19 19
Öffnungszeiten: Apr.-Okt. Mo.-Sa. 10-17, So. 13-17, Nov.-März Di.-So. 10-17, So. 13-17 Uhr
Führungen: nach Vereinbarung

5 Marktplatz

Das prächtige Renaissance-Rathaus aus dem 16. Jh. thront majestätisch auf dem Marktplatz. Durch das Aufblühen der Stadt war ein repräsentatives Gebäude notwendig geworden. Über dem Eingang sind verschiedene Figuren zu sehen, in der Mitte die Justitia. Eine Besonderheit ist, dass sie hier keine verbundenen Augen hat, denn die Göttin der Gerechtigkeit soll ohne Ansehen der Person urteilen. Innen ist die Dauerausstellung „Christliche Kunst im 20. Jahrhundert" untergebracht.
Vor dem Rathaus beeindrucken die Denkmäler Luthers (1817–1821 von Johann Gottfried Schadow) und Melanchthons (1858–1865 von Friedrich Drake). Das Lutherdenkmal in Wittenberg setzte für viele jüngere Lutherdenkmäler den Maßstab.

Information: Stiftung Christliche Kunst, Altes Rathaus, Markt 26,
06886 Lutherstadt Wittenberg, ✆/🖷 (0 34 91) 40 11 46,
Internet: www.christlichekunst-wb.de
Öffnungszeiten: Di.-So. 10-17 Uhr
Führungen: auf Anfrage

6 Stadtkirche St. Marien

Die Predigtkirche Luthers wurde bereits Ende des 13. Jh. gotisch auf einem Vorgängerbau begonnen und im 15. Jh. mit dem Neubau des Langhauses vollendet. Die ehemalige kleine Kirche dient nun als Altarraum. Nach Westen wurde eine dreischiffige Hallenkirche angebaut. Luther predigte etwa 70 Mal im Jahr in der Stadtkirche. 1521 fand hier das erste evangelische Abendmahl, einige Jahre später auch in deutscher Sprache, statt. Hier wurden viele heute noch bekannte Kirchenlieder der Reformation, wie „Ein feste Burg ist unser Gott", zuerst gesungen.

Tympanon an der Stadtkirche

Der Höhepunkt der Kirche ist zweifellos der Reformationsaltar, ein Meisterwerk von Lucas Cranach d. Ä. und d. J.: links die Taufe mit Melanchthon und Lucas Cranach d. Ä., in der Mitte das Abendmahl (Luther als Junker Jörg, Cranach d. J. als Mundschenk), rechts die Beichte mit dem Bildnis Bugenhagens, in der Predella die Predigt mit Martin Luther. Das Bronzetaufbecken mit den zwölf Aposteln aus dem 15. Jh. ist eine Arbeit von Hermann Vischer d. Ä. aus der berühmten Erzgießerfamilie in Nürnberg.

Information: Stadtkirche St. Marien, Kirchplatz,
06886 Lutherstadt Wittenberg, ✆ (0 34 91) 40 44 15,
Internet: www.stadtkirchengemeinde-wittenberg.de
Öffnungszeiten: Ost.-Okt. Mo.-Sa. 10-18, So. 11.30-18 Uhr,
Nov.-Ost. Mo.-Sa. 10-16, So. 11.30-16 Uhr
Führungen: tägl. 11 und 14 Uhr
Gottesdienst: So. 10 Uhr

7 Internationales Lutherisches Besucher-Zentrum

In der Alten Latein-Schule, die 1564 einen Vorgängerbau ersetzte und 1828 zum Gymnasium umgebaut wurde, befindet sich seit 2009 ein amerikanisches Pilger-, Informations- und Missionszentrum der Selbstständigen Evangelisch-Lutherischen Kirche (SELK) und der Lutherischen Kirche-Missouri Synode (USA).

Information: Lutherisches Besucher-Zentrum „Alte Latein-Schule", Propst a. D. Wilhelm Torgerson, Lutherstr. 25, 06886 Lutherstadt Wittenberg, ✆ (03491) 695566 oder (01520) 1877219, Internet: www.lutherwb.de/germ.htm

Johannes Bugenhagen (1485-1558), auch Dr. Pomeranus oder Dr. Pommer genannt

In Wollin in Pommern geboren, war Johannes Bugenhagen zunächst dem frommen Humanismus zugewandt, bekannte sich Ende 1520 jedoch zur Reformation. Ab 1521 lehrte er gemeinsam mit Melanchthon an der Universität, 1523 erhielt er die Stelle des Stadtpfarrers an der Marienkirche und wurde persönlicher Seelsorger Luthers. In Norddeutschland und Dänemark machte er sich als Reformator und Kirchenorganisator unentbehrlich, indem er für dortige Städte Kirchenordnungen verfasste und bei deren Einführung und Durchsetzung behilflich war. Als Freund und Vertrauter Luthers schloss er dessen Ehe, taufte seine sechs Kinder, hielt seine Grabrede und nahm sich der Witwe Luthers und seiner Kinder an. Bugenhagens Epitaph befindet sich in der Wittenberger Stadtkirche.

8 Bugenhagenhaus

Vorbei am Bugenhagendenkmal (1894) ist bald Bugenhagens Wohnhaus erreicht. Johannes Bugenhagen (1485–1558) wird nach Luther und Melanchthon auch als der „dritte Reformator" angesehen. Der 1523 nach Wittenberg als Stadtpfarrer Berufene hatte wie Justus Jonas bereits 1522 geheiratet. Das Bugenhagenhaus ist heute das älteste erhaltene evangelische Pfarrhaus der Welt (vgl. Bernhardi in Kemberg, S. 148). Bis zum Ende des 20. Jhs. wohnte hier der Pfarrer, der jetzt nebenan lebt. Heute ist es Begegnungs- und Kommunikationszentrum mit kulturellen Veranstaltungen und einer Ausstellung zur Geschichte des Hauses.

Information: Evangelische Stadtkirchengemeinde Wittenberg, Jüdenstr. 36, 06886 Lutherstadt Wittenberg, ✆ (0 34 91) 6 28 30, Internet: www.bugenhagenhaus.de
Öffnungszeiten: Mo.-Fr. 10-12, 13-16 Uhr. Für Gruppen nach Absprache.

9 Fronleichnamskapelle

Auf der anderen Seite der Stadtkirche lädt die erstmals 1368 gestiftete, 1456 wieder aufgebaute Fronleichnamskapelle zum Gebet ein. Bis 1772 fanden hier Begräbnisgottesdienste statt.

Information: Communität Christusbrüderschaft Konvent Lutherstadt Wittenberg, Wildenberg 23, Postfach 1260, 95152 Selbitz, ✆ (0 92 80) 6 80, Internet: www.christusbruderschaft.de
Öffnungszeiten: Morgengebet tägl. 7.30, Abendgebet Mo., Mi., Do. 18 Uhr (im Winter ggf. abweichend). Teilnehmer sind willkommen.

Vorbei am Röhrwasserbrunnen (Wasserleitung aus dem 16. Jh.) auf dem Holzmarkt geht es in die Collegienstraße.

Im Hof der Leucorea

10 Universität Leucorea

Die 1502 von Friedrich dem Weisen gegründete kursächsische Landesuniversität Leucorea erlangte in der Reformationszeit Weltruhm. Nicht nur lehrte Martin Luther hier seit 1512 als Theologieprofessor (Bibelexegese), 1518 wurde Melanchthon hier Professor an der artistischen Fakultät. 1520 las Luther vor bis zu 400 Studenten. 1815 wurde die Alma Mater geschlossen und 1817 mit der halleschen Universität als „Vereinigte Friedrichs-Universität Halle-Wittenberg" zusammengelegt. 1995 eröffnete man die Leucorea als Stiftung neu, mit dem Ziel, auch in Wittenberg wieder ein akademisches Leben aufzubauen. Auf Granitplatten im Hof stehen die Namen der deutschsprachigen Universitäten, die vor der Wittenberger Universität gegründet wurden.

Information: Leucorea, Stiftung des öffentlichen Rechts an der Martin-Luther-Universität Halle-Wittenberg, Collegienstr. 62, 06886 Lutherstadt Wittenberg, ✆ (03491) 466100, 🖷 466222, Internet: www.leucorea.uni-halle.de

Philipp Melanchthon (1497-1560), eigentlich Philipp Schwarzerdt

Der deutsche Humanist und Reformator war ein enger Freund und Vertrauter Luthers. Unter dessen Einfluss schloss er sich bald der Reformation an. Dank seiner formalen Begabung wurde er zum ersten „Systematiker" des Luthertums. 1529 führte er als „Diplomat der Reformation" die Verhandlungen auf dem Reichstag zu Speyer, da Luthers Acht diesem das Reisen nicht gestattete. Später, nach Luthers Tod, wurde er zu einer unbestrittenen und oft bemühten Instanz. Melanchthon baute das evangelische Landeskirchensystem auf, reformierte das deutsche Schul- und Hochschulwesen im evangelischen Sinne (der „Lehrer Deutschlands") und schuf die grundlegenden Bekenntnisschriften wie 1530 die „Confessio Augustana" (Augsburger Bekenntnis).

11 Melanchthonhaus

Das ab 1536 auf Kosten des Kurfürsten errichtete Gebäude gilt als Beispiel für ein vornehmes Professorenhaus der Renaissance. Melanchthons Motto „Ad Fontes" (zu den Quellen) ist der Titel der 1997 neu eröffneten

Ausstellung über Leben und Werk von Luthers engstem Mitstreiter und seiner Studenten. Besonders sehenswert sind das Arbeits- und Sterbezimmer und der Kräutergarten. Die Hofgebäude wurden im Krieg zerstört.

Information: Team Melanchthonhaus, Collegienstr. 60, 06886 Lutherstadt Wittenberg, ✆ (0 34 91) 40 32 79, 🖷 42 03 27, Internet: www.martinluther.de
Öffnungszeiten: Apr.-Okt. tägl. 10-18, Nov.-März Di.-So. 10-17 Uhr
Führungen: nach Absprache

12 Lutherhaus

Der Höhepunkt in Wittenberg ist das am Südostende der Altstadt gelegene Lutherhaus. 1504–1507 als Augustinereremitenkloster („Schwarzes Kloster") erbaut, kam Martin Luther 1508 hierher. 1522 gab es hier einen Bildersturm. Die Mönche verließen 1523 das Kloster.
Der Kurfürst Johann der Beständige schenkte 1532 Luther das Klostergebäude, in dem er mit seiner Frau Katharina und seinen sechs Kindern in

Eingang zum Melanchthonhaus

Das Lutherhaus

Katharina, die Lutherin, in ihrem Reich

einem umfangreichen Haushalt mit zahlreichen Gästen lebte, nicht selten bis zu 50 Personen. Hier begann Luthers „bürgerliches Leben". Mit Hilfe seiner Frau führte er dort das Leben eines Professors und empfing hochrangige Gäste. Es gab Tischreden, einen Luther als Familienmenschen. Katharina von Bora ließ 1540 Luthers Bildnis sowie sein Wappen, die Lutherrose, im Portal des Hauses anbringen. 1564 verkauften Luthers Kinder das Wohnhaus an die Universität, die an der Straßenseite das Augusteum (heute Evangelisches Predigerseminar) errichten ließ, durch das der Besucher noch heute zum Lutherhaus an der Südseite des Lutherhofs gelangt. Das Wohnhaus wurde 1883, zu Luthers 400. Geburtstag, als reformationsgeschichtliches Museum Lutherhalle eröffnet, wie das Lutherhaus auch genannt wird. Ab 1930 war der Theologe Oskar Thulin dort der erste Direktor (bis 1968). Die Lutherhalle wurde bald zum kulturellen Anziehungspunkt. 2000–2003 erfolgte die Neugestaltung des Museums.

An der Südseite fand man 2004 Überreste eines Wirtschaftsanbaus aus der Zeit um 1515 (Klosterzeit), u. a. eine Latrine und der Turm, in dem nach Luthers Angaben seine reformatorische Erkenntnis, das Turmerlebnis, stattfand (Grundvertrauen in die göttliche Gnade, Rettung des Einzelnen durch den Glauben an das Evangelium, keine Eigenleistung kann das Gnadengeschenk Gottes erzwingen). Zahlreiche Funde wie teure Ofenkacheln, Buchschließen, ein Schreibset, Goldring und Elfenbeinkamm, wertvolle Gläser sowie Rothirschknochen (Rothirsch war dem Adel vorbehalten) geben Einblick in die Lebensart eines reichen Haushalts. Zu bedenken ist dabei allerdings, dass hier nicht nur die Familie Luther lebte. Der Luther-

haushalt der Eltern in Mansfeld (s. S. 25 f.) war vergleichsweise kleiner, ist aber authentischer.
Die Ausstellung im Museum ist in verschiedene Themenbereiche gegliedert. Zunächst der biografische Rundgang mit fast tausend Exponaten, dessen Höhepunkte die Lutherkanzel, eine Mönchskutte, der „Gemeine Kasten“ und die Lutherstube bilden. Das Alltagsleben der Familie Luther wird in den Kellergewölben und an der Südseite des Hauses gezeigt. Die Ausstellung „Lutherbilder“ beleuchtet die Lutherrezeption von 1546 bis 1983. In der Schatzkammer werden kultur- und kunsthistorisch wertvolle Dinge gezeigt, darunter mehrere tausend Münzen und Medaillen. In der „Medienrevolution“ geht es um die schnelle Verbreitung des gedruckten Wortes seit Luthers Zeit.

Information: Stiftung Luthergedenkstätten in Sachsen-Anhalt, Lutherhaus, Collegienstr. 54, 06886 Lutherstadt Wittenberg, ✆ (0 34 91) 4 20 30, 🖷 4 20 32 70, Internet: www.martinluther.de
Öffnungszeiten: Apr.-Okt. tägl. 9-18 Uhr, Nov.-März Di.-So. 10-17 Uhr
Führungen: Thematische Führungen nach Absprache, ✆ (0 34 91) 4 20 31 16

Gedenkstein an der Luthereiche

13 Luthereiche

Am 10. Dezember 1520 verbrannte Luther vor dem damaligen Elstertor, also außerhalb der Stadt, wo sonst u. a. die Kleider der Pesttoten vernichtet wurden, die Bulle Exsurge domine (Erhebe dich, Herr), in der der Papst Luther den Kirchenbann androhte, wenn er nicht widerruft, und andere Dokumente. Diese Verbrennung zeigte den endgültigen Bruch Luthers mit der römisch-katholischen Kirche. Papst Leo X. verhängte daraufhin den Bann über Luther. Die heutige Luthereiche wurde 1830 zum 300. Jahrestag des von Melanchthon 1530 für den Reichstag zu Augsburg verfassten Augsburger Bekenntnisses gepflanzt, Brunnen und Gedenkstein 1925 dazugefügt.

Übernachtung

€€€ Best Western Stadtpalais Wittenberg
Collegienstr. 56-57, 06886 Lutherstadt Wittenberg,
✆ (0 34 91) 42 50, 🖷 42 51 00,
Internet: www.stadtpalais.bestwestern.de
Luxushotel am Lutherhaus. Diverse Sonderangebote.

€€€ Stadthotel Wittenberg „Schwarzer Baer"
Schloßstr. 2, 06886 Lutherstadt Wittenberg,
✆ (0 34 91) 420 43 44, 🖷 420 43 45
Internet: www.stadthotel-wittenberg.de,
E-Mail: koppe@stadthotel-wittenberg.de
Vom Traditionshaus in Marktnähe sind alle Sehenswürdigkeiten bequem zu Fuß erreichbar. Das Haus verfügt über 20 moderne, komfortable Doppelzimmer mit TV sowie Fax und WLAN. Abschließbare Hotel-Hof-Garage vorhanden, Haustiere sind erlaubt. Angeschlossen ist das historische Hotelrestaurant „Schwarzer Baer". Im ältesten Restaurant Wittenbergs (von 1520) kann man in stilvoller Atmosphäre die regionale Küche genießen.

€ Pension Sternstädtchen
Rooseveltstr. 10/11, 06886 Lutherstadt Wittenberg,
✆ (0 34 91) 4 20 10, Internet: www.pension-sternstaedtchen.de
Etwas außerhalb, ca. 20 min zu Fuß zum Stadtzentrum. Ruhige Lage.

€ Jugendherberge Wittenberg
Schloßstr. 14/15, 06886 Lutherstadt Wittenberg,
✆ (0 34 91) 50 52 05, 🖷 50 52 06,
Internet: www.jugendherberge.de/jh/wittenberg
Direkt neben dem Schloss.

Gastronomie

€€€ Alte Canzley
Schloßplatz 3, 06886 Lutherstadt Wittenberg,
✆ (0 34 91) 4 29-1 90, Internet: www.alte-canzley.de
tägl. ab 10 Uhr
Gegenüber der Schlosskirche, im historischen Kreuzgewölbe (s. S. 164), hochwertige Bio-Kost. Mit Hotel.

18. ETAPPE

€€-€€€ Goldener Adler
Markt 7, 06886 Lutherstadt Wittenberg, ✆ (03491) 505660, 🖷 505661, Internet: www.goldeneradler-wittenberg.de
tägl. 10-24 Uhr
Stilvolles gemütliches Restaurant mit deutscher Küche. Luther und Melanchthon sollen hier verkehrt haben. Mit Hotel.

€-€€ Tante Emma's Bier- und Caféhaus
Markt 9, 06886 Lutherstadt Wittenberg, ✆/🖷 (03491) 419757
Mo. 9-17, Di.-So. 9-24 Uhr
Am Marktplatz, liebevoll eingerichtet. Gute deutsche Küche, Außengastronomie.

€€ Schloßkeller
Schloßplatz 1, 06886 Lutherstadt Wittenberg, ✆ (03491) 480805, 🖷 409148, E-Mail: p.fasbender@freenet.de
tägl. 11.30-14.30, 17.30-23 Uhr
Im Schloss. Mit Lutherstube, Lutherbier und anderen Spezialitäten. Sehr gemütlich.

€ Central
Mittelstr. 20, 06886 Lutherstadt Wittenberg, ✆ (03491) 411572, 🖷 459307, Mo.-Fr. 11.30-14, ab 18 Uhr
Einfache, preiswerte und rustikale Gaststube.

Luthers Garten im Lutherhaus (s. S. 172 ff.)
tägl. zu den Öffnungszeiten des Lutherhauses (s. o.)
Stimmungsvoll, im Hof des Lutherhauses. Nur im Sommer.

Hofwirtschaft
Schloßstr. 1, 06886 Lutherstadt Wittenberg, ✆ (03491) 459682, 🖷 668946, Internet: http://hofwirtschaft.de
tägl. ab 14 Uhr
Hübsches Café im Cranachhof mit Blick auf das Fachwerkhaus.

marc de café
Pfaffengasse 5, 06886 Lutherstadt Wittenberg, ✆ (03491) 459114, Internet: http://marcdecafe.de, tägl. 10-18 Uhr
Modernes Café mit schönem Blick auf den Turm der Schlosskirche.

Klatschmohn
Kirchplatz 9, 06886 Lutherstadt Wittenberg, ✆ (03491) 506650
Di.-So. 10-18 Uhr
Gemütliches Bio-Café am Bugenhagenhaus. Der Garten mit schöner Blutbuche.

Die Region von A bis Z

Anreise

Das Gebiet ist verkehrstechnisch gut erschlossen.

Mit dem Auto nach Mansfeld aus Richtung

Berlin/München:	über die A 9, B 100 nach Halle, B 80 nach Lutherstadt Eisleben, B 180 Richtung Hettstedt, B 242 über Leimbach, weiter B 86 nach Mansfeld
Leipzig:	über die A 14, B 100 nach Halle (weiter wie oben)
Hannover:	über die A 395, Aschersleben B 6, Hettstedt B 180, Mansfeld B 86
Göttingen:	über die A 38, Abfahrt Sangerhausen, B 86 nach Mansfeld

Mit der Bahn nach

Mansfeld:	z. B. von Halle über Sandersleben, Klostermansfeld
Lutherstadt Eisleben:	von Halle oder Sangerhausen
Halle (Saale):	gute Verbindungen in alle Richtungen
Bitterfeld-Wolfen:	von Halle, Leipzig, Dessau oder Lutherstadt Wittenberg
Lutherstadt Wittenberg:	gute Verbindungen in alle Richtungen

Bahn und Rad: Die Mitnahme von Fahrrädern in Nahverkehrszügen der Bundesbahn ist in ganz Sachsen-Anhalt kostenlos. Bei Gruppenfahrten ist Anmeldung erwünscht. Informationen unter www.bahn.de oder www.nasa.de

Mit dem Flugzeug

Flughafen Leipzig-Halle (Internet: www.leipzig-halle-airport.de), über die A 14, B 100 nach Halle (weiter wie oben).

Mit dem Bus

Gutes Nahverkehrsnetz, Informationen und Fahrpläne unter www.nasa.de

Apotheken (Auswahl)

Bad Düben: Markt, Markt 15, ✆ (03 42 43) 527 30

Bitterfeld-Wolfen: Am Kornhausplatz, Ratswall 19, ✆ (0 34 93) 376 60; Stadt, Markt 8, ✆ (0 34 93) 2 21 04

Brehna: Adler, Bitterfelder Straße 32, ✆ (03 49 54) 4 81 08

Halle (Saale): Hubertus, Hubertusplatz 99, ✆ (03 45) 5 5114 62;

Löwen, Brüderstraße 17, ✆ (0345) 2026526; Markt, Marktplatz 17, ✆ (0345) 2080170
Helbra: Linden, Schulstraße 35, ✆ (034772) 20278
Höhnstedt: Linden, Hauptstraße 5, ✆ (034601) 55126
Kemberg: Löwen, Burgstraße 22, ✆ (034921) 20290
Landsberg: Sonnen, Merseburgerstraße 1, ✆ (034602) 20393
Lutherstadt Eisleben: Gingko, Lindenallee 1, ✆ (03475) 602330; Löwen, Markt 18, ✆ (03475) 602274; Luther, Sangerhäuser Straße 45/46, ✆ (03475) 67680
Lutherstadt Wittenberg: Am Collegienhof, Collegienstraße 74, ✆ (03491) 49690; Löwen, Collegienstraße 62a, ✆ (03491) 402035; Lucas Cranach, Schloßstraße 1, ✆ (03491) 402002
Mansfeld: Luther, Lutherstraße 36, ✆ (034782) 20395
Niemberg: Burgstätten, Bahnhofstraße 2, ✆ (034604) 20251
Roitzsch: Hufeland, Friedrich-Ebert-Straße 2, ✆ (034954) 21020

Banken und Sparkassen mit Geldautomaten (Auswahl)

Bad Düben	Sparkasse, Lutherstraße 1
	Volksbank, Paradeplatz 2
Bitterfeld-Wolfen	Sparkasse, Markt 5
Brehna	Sparkasse, Markt 1
Halle (Saale)	Citibank, Talamtstraße 1
	Commerzbank, Marktplatz 10
	Deutsche Bank, Leipziger Straße 87–92
	HypoVereinsbank, Markt 18
	Sparkasse, Rathausstraße 5
	Sparda Bank, Markt 19
	VR-Bank, Markt 20
Helbra	Sparkasse, Pestalozzistraße 5
	VR-Bank, Hauptstraße 18
Höhnstedt	Volksbank, Schochwitzer Straße 7
Kemberg	Sparkasse, Markt 7
Klostermansfeld	Sparkasse, Bahnhofstraße 7d
	VR-Bank, Auf der Spitze 1
Landsberg	Volksbank, Köthener Straße 30
Lutherstadt Eisleben	Deutsche Bank, Plan 4
	Dresdner Bank, Markt 37
	Sparkasse, Markt 2–4
	VR-Bank, Hallesche Straße 224d

Lutherstadt Wittenberg	Commerzbank, Markt 25
	Volksbank, Collegienstraße 12-13
	Sparkasse Wittenberg, Markt 20
Mansfeld	Sparkasse, Teichstraße 3
	VR-Bank, Friedensallee 1
Niemberg	Geldautomat Niemberg, Hallesche Straße 8
	Volksbank, Hermann-Ferres-Straße 1
	Sparkasse, Hohenthurmer Straße 3

Fahrradverleih

Bitterfeld-Wolfen

Fahrradverleih & Verkauf „Drahtesel", Cordelia Mertn, Am Pegelturm, ✆ (0176) 20013945, Internet: www.fahrradverleih-drahtesel.de

Halle (Saale)

Fahrradverleih in der Hotel-Pension „Am Ratshof", Rathausstraße 14, ✆ (0345) 2025632, Internet: www.hotel-am-ratshof.de

Lutherstadt Eisleben

Müller Axel Fahrradfachgeschäft, Breiter Weg 10, ✆ (03475) 696324 (3 Tage vorher anmelden)

Lutherstadt Wittenberg

Fahrradhaus Kralisch, Jüdenstraße 11, ✆ (03491) 403703, Internet: www.fahrradhaus-kralisch.de/radverleih.htm

Feiertage in Sachsen-Anhalt

1. Januar: Neujahr, 6. Januar: Heilige Drei Könige, Ostern,
1. Mai: Maifeiertag, Christi Himmelfahrt, Pfingsten,
3. Oktober: Tag der deutschen Einheit, 31. Oktober: Reformationstag,
25./26. Dezember: Weihnachten

Fundbüros

Bitterfeld-Wolfen

Stadtverwaltung, Ordnungswesen, Markt 7, ✆ (03493) 361-212

Halle (Saale)

Fundbüro der Stadt Halle, Am Stadion 6, ✆ (0345) 2211236

Lutherstadt Eisleben

Stadtverwaltung Lutherstadt Eisleben, SG Allgemeine Verwaltung, Sangerhäuser Straße 12/13 – Alte Bergschule, ✆ (03475) 655124

Lutherstadt Wittenberg
Neues Rathaus, Lutherstraße 56, ✆ (03491) 4210

Krankenhäuser

Bitterfeld-Wolfen
Gesundheitszentrum OT Bitterfeld, Friedrich-Ludwig-Jahn-Straße 2, ✆ (03493) 310, Notaufnahme ✆ 31-2173 oder -2180
Halle (Saale)
Universitätsklinikum Halle (Saale), Ernst-Grube-Straße 40, Notaufnahme ✆ (0345) 5575860
Lutherstadt Eisleben
Klinikum Mansfelder Land & Pflege GmbH, Hohetorstraße 25, ✆ (03475) 900
Lutherstadt Wittenberg
Evangelisches Krankenhaus Paul-Gerhardt-Stiftung, Paul-Gerhardt-Straße 42–45, ✆ (03491) 502772

Luther-Festtage (Auswahl)

April
Mansfeld: Luthers Einschulung, am 1. Samstag nach Ostern, Internet: www.mansfeld.eu
Juni
Lutherstadt Wittenberg: Luthers Hochzeit mit Festumzug, jedes zweite Juni-Wochenende
Jedes Jahr stellt ein anderes Paar Martin Luther und Katharina von Bora dar, Internet: www.lutherhochzeit.de/
Oktober
Lutherstadt Wittenberg: Reformationsfest, Internet: www.wittenberg.de
November
Lutherstadt Eisleben: Festtage zum Geburtstag Martin Luthers, Internet: www.lutherstadt-eisleben.de
Dezember
Lutherstadt Wittenberg: Martin Luthers Weihnachtsspiel in der Stadtkirche St. Marien, Internet: www.wittenberg.de

Notfallnummern

Polizei: ✆ 110
Feuerwehr/Rettungsdienst/Notarzt: ✆ 112
Sperrung von EC-Karten: ✆ (069) 740987 und ✆ (0180) 5021021
Telefonseelsorge: ev. ✆ (0800) 1110111, kath. ✆ (0800) 1110222

Touristinformationen und Stadtführungen

Die Tourist-Information in Halle

Mansfeld-Lutherstadt

Stadtinformation Mansfeld,
Junghuhnstraße 2,
✆ (03 47 82) 9 03 42, 🖷 9 03 44,
Internet: www.mansfeld.eu
Mo.-Fr. 9-12, 13-15.30 Uhr, Sa./So. nach Anmeldung

Regelmäßige Führungen für Individualreisende und Gruppen (je 1-1,5 Std., Tickets in der Stadtinformation, Gruppen nach Anmeldung):
Historische Altstadt
Auf Luthers Spuren
Geschichte von Mansfeld
zu den Öffnungszeiten der Stadtinformation
Treffpunkt: Touristinformation

Lutherstadt Eisleben

Tourist-Information Lutherstadt Eisleben e. V., Hallesche Straße 4, 06295 Lutherstadt Eisleben, Deutschland, ✆ (0 34 75) 60 21 24, 🖷 60 26 34, Internet: www.eisleben-tourist.de
Mo./Mi./Do./Fr. 10-17, Di. 10-18, Sa. 10-13 Uhr

Regelmäßige Führungen für Individualreisende (Tickets in der Tourist-information):
Historische Altstadt (1-1,5 Std.)
Apr.-Okt. tägl. 14 Uhr
Treffpunkt: Rathaus

Führungen für Gruppen auf Anfrage, tägl. möglich:
Stadtführung klassisch (1-1,5 Std.)
Nur Außenbesichtigungen
Treffpunkt: nach Absprache (z.B. Tourist-Information oder Busparkplatz)
Stadtführung „Auf Luthers Spuren" (2-4 Std.)
Wahlweise mit Besichtigungen von Luthers Geburtshaus, dem Museum Luthers Sterbehaus, St. Petri-Pauli, St. Andreas und St. Annen.
Treffpunkt: nach Absprache (z.B. Tourist-Information oder Busparkplatz)

Klosterführung St. Marien zu Helfta (1 Std.)
Im Zisterzienserinnenkloster, in der Klosterkirche oder im Außenareal. Möglichkeit zur Teilnahme an den Chorgebeten. Nur Mo.–Sa.
Treffpunkt: im Kloster

Schulmeisterin „Else" (1 Std.)
Über die erste Schulgründung Luthers zusammen mit Melanchthon und dem ersten Rektor der Schule, Johann Agricola um 1525. Heiterer Einblick in das Leben der Else Agricola, die ihrem Mann neun Kinder gebar.
Treffpunkt: nach Absprache (z. B. Tourist-Information oder Busparkplatz)

Eisleben spezial (6 Std., nur mit eigenem Bus)
Rundgang durch die historische Innenstadt, Eintritt in Luthers Geburtshaus, St. Petri-Pauli, St. Andreas und Museum Luthers Sterbehaus, Mittagessen, Besichtigung des Zisterzienserinnenklosters St. Marien zu Helfta, Kaffee trinken.
Ab 15 Personen.
Treffpunkt: nach Absprache (z. B. Tourist-Information oder Busparkplatz)

Eisleben & Mansfeld „Auf Luthers Spuren" (7 Std., nur mit eigenem Bus)
Rundgang durch die historische Innenstadt, Eintritt in Luthers Geburtshaus, St. Petri-Pauli, St. Andreas und Museum Luthers Sterbehaus, Mittagessen, Führung auf Schloss Mansfeld, Besuch in Luthers Elternhaus und der St. Georgskirche in Mansfeld, Kaffee trinken. Ab 15 Personen.
Treffpunkt: nach Absprache (z. B. Tourist-Information oder Busparkplatz)

Eisleben & Seeburg „Martin Luther und der Wein" (7 Std., nur mit eigenem Bus)
Rundgang durch die historische Innenstadt, Besichtigung der Lutherstätten und Kirchen, Mittagessen, Führung auf Schloss Seeburg, geführte Wanderung entlang der Weinberge, Besuch eines privaten Weingutes, kleine Weinverkostung. Ab 15 Personen.
Treffpunkt: nach Absprache (z. B. Tourist-Information oder Busparkplatz)

Höhnstedt

Vinoinfo, Wein & Touristikinformation Höhnstedt,
Hauptstraße 38, 06179 Höhnstedt, ✆ (03 46 01) 2 02 42 oder 0160) 98 64 52 00,
Internet: www.vino-info.com
Mi.–Mo. 13–17 Uhr

Führungen für Gruppen auf Anfrage, tägl. möglich:
Weinprobe (ab 4 Personen)
In der Vinoinfo, Zeitpunkt und Dauer nach Absprache
Weinberge erleben & Weinwanderung (ab 6 Personen)
Zeitpunkt, Dauer, Treffpunkt nach Absprache

Halle (Saale)
Stadtmarketing Halle (Saale) GmbH, Tourist-Information, Marktplatz 13, 06108 Halle (Saale), ✆ (03 45) 122 99 84, 🖷 122 99 85, Internet: www.stadtmarketing-halle.de
Mo.-Fr. 9-19, Sa. 10-16, Mai-Okt. auch So. 10-16 Uhr

Regelmäßige Führungen für Individualreisende (Tickets in der Touristinformation):
Historische Altstadt (1,5 Std.)
Apr.-Okt. Mo.-Sa. 14, So. 10 Uhr, Nov.-März Mi.-Sa. 14, So. 11 Uhr
Treffpunkt: Touristinformation, Marktschlösschen
Hausmannstürme (1 Std.)
Apr.-Okt. Mo.-Sa. 15.30, So. 11.30 Uhr, Nov.-März Mi.-Sa. 15.30, So. 12.30 Uhr
Treffpunkt: nördlicher Hausmannsturm, Marktkirche

Führungen für Gruppen auf Anfrage, tägl. möglich:
Kardinal Albrecht und Martin Luther – Renaissance und Reformation (2 Std.)
Stätten der Reformation in der historischen Altstadt. Mit Dom (nach Verfügbarkeit).
Treffpunkt: Touristinformation, Marktschlösschen
Geschichten um den „Kühlen Brunnen“ (2 Std.)
Kardinal Albrecht und Hans von Schönitz. Rundgang durch das Renaissance-Stadtpalais.
Treffpunkt: Touristinformation, Marktschlösschen

Führung über den Stadtgottesacker (1,5 Std.)
Der in der Reformationszeit entstandene Renaissancefriedhof ist einer der schönsten Europas. Weltweit bekannte und hallesche Berühmtheiten, darunter auch reformationsgeschichtliche, fanden hier ihre letzte Ruhe, z. B. Felicitas von Selmenitz (Bogen 12), und Johann Olearius, Begründer der lutherischen Orthodoxie in Mitteldeutschland (Bogen 74).
Treffpunkt: Eingang Stadtgottesacker, Gottesackerstraße (s. Foto S. 184)

Eingangstor zum Stadtgottesacker in Halle

Infozentrum Fährstraße, Fährstraße 1, 06114 Halle (Saale),
✆ (03 45) 5 23 53 11, 🖷 5 23 55 25
im Sommer Mo.-Fr. 10-17 Uhr, Sa./So. 10-16 Uhr,
im Winter Mo.-Fr. 11-17 Uhr, Sa./So. 11-16 Uhr

Filiale der Tourist-Information, bei der Burg Giebichenstein.
U. a. Busparkplätze, öffentliche Toilette (kostenlos) sowie sechs Fahrradboxen (kostenlos).

Bitterfeld-Wolfen

Stadt- und Tourismusinformation Ortsteil Bitterfeld, Markt 7, 06749 Bitterfeld, ✆ (0 34 93) 36 11 25, 🖷 36 11 50,
Internet: www.bitterfeld-wolfen.de
Mo.-Fr. 8-18 Uhr

Führungen auf Anfrage:
Stadtführung (Mo.-Fr. 10-16 Uhr) oder
Evangelische Kirche (Mo.-Fr. 10-15 Uhr)
Nach Wunsch variierbar.

Führungen von Goitzsche-Tours (Martina Brück, Dorfplatz 59, 06774 Mühlbeck, ✆ (0 34 93) 5 54 78 oder (01 74) 3 07 69 94,
Internet: www.goitzsche-tours.de
Sakrale Bauwerke an der Mitteldeutschen Kirchenstraße
Touren u. a. zur Stadtkirche Bitterfeld, den Kirchen Mühlbeck, Friedersdorf und Holzweißig.

Bad Düben

Touristinformation Bad Düben, Paradeplatz 19, 0 48 49 Bad Düben,
✆/🖷 (03 42 43) 5 28 86, Internet: www.bad-dueben.de
Mo.-Fr. 9-13, 14-18, Sa. 9-13 Uhr

Führungen auf Anfrage, tägl. möglich:
Stadtführungen (vom Heimatverein)
Wahlweise Altstadt mit Burg, Kirche etc. und/oder Kureinrichtungen mit Kurpark. Dauer und Treffpunkt nach Absprache.

Tornau

Naturparkbüro Sachsen-Anhalt, Krienaer Str. 2, 06774 Tornau,
✆ (02 42 43) 2 47 61, Internet: www.naturpark-duebener-heide.com

Kemberg

Führungen auf Anfrage:
Stadtführung Historische Altstadt (ca. 1 Std.)
Frau Katrin Hildebrandt, ✆ (0177) 3145927
Treffpunkt: Rathaus

Lutherstadt Wittenberg

Wittenberg-Information, Schloßplatz 2, 06886 Lutherstadt Wittenberg, ✆ (03491) 498610, 🖷 498611, Internet: www.wbticket.de

Regelmäßige Führungen für Individualreisende (Tickets in der Touristinformation):
Öffentliche Stadtführung (2 Std.)
Altstadtrundgang mit Besichtigung zweier Sehenswürdigkeiten (UNESCO-Welterbe);
Mai-Okt. Mo.-Fr. 14, Sa./So. 11 und 14 Uhr
(Nov.-Apr. ist ein Audioguide ausleihbar)
Treffpunkt: Stadtinformation

Führungen für Gruppen auf Anfrage, tägl. möglich (Touristinformation):
„Schaut den Lucas" – Willkommen bei Meister Cranach! (1,5 Std.)
Wissenswertes zum Leben und Wirken Lucas Cranachs in Wittenberg.
Druckprobe in der historischen Druckerstube.
Treffpunkt: Marktplatz

Sonstige Führungen zu Luther, zu seiner Frau und zu Melanchthon bei der Stadtinformation (s. o.) und der Stiftung Luthergedenkstätten, Internet: www.martinluther.de

Ausgewählte Kostümführungen:
Luther: Bernhard Naumann, ✆ (03491) 404415 oder 419547 (Heimatverein)
Melanchthon: Michael Schicketanz, ✆ (034024) 20207, Internet: www.schicketanz.com
Führung durch die „Philipp Melanchthon"-Stadt Wittenberg (1,5 Std.)
Der beste Freund Martin Luthers und der Diplomat der Reformation an sieben authentischen Orten in der Altstadt Wittenbergs.
Barbara Cranach und Katharina von Bora: Astrid Räuchle und Katja Köhler, ✆ (03491) 437726 oder 400498, Internet: www.wittenberg1517.de/start.html

Unterwegs mit Barbara Cranach und Katharina von Bora „Anno 1535" (1-1,5 Std.)
Die edlen Eheweiber von Lucas Cranach und Martin Luther haben allerlei zu erzählen.

Luthers Köchin und Cranachs Magd: Bettina Brett, ✆ (0162) 9426621, E-Mail: bettina.brett@arcor.de und Astrid Mühlmann, ✆ (0163) 6017731, E-Mail: astrid.muehlmann@web.de

Wittenberger Geschichten (1-2 Std.)
Luthers Köchin Dorothea und Cranachs Magd Agnes blicken hinter die Kulissen des alten Wittenberg - berühmte und weniger berühmte Bürger der Stadt. Die historische Stadtwache sorgt für Schutz vor Beutelabschneidern.

Martha und Sophia Jonas: Bettina Brett und Astrid Mühlmann (s. o.)

Zu Gast bei Justus Jonas (2 Std.)
Erinnerungen bei Speis und Trank im Hause des Reformators Justus Jonas an den Hausherrn und seinen berühmtesten Freund Martin Luther. Inklusive Essen.

Lutherweg-Gesellschaft
c/o Tourismusverband „Tourismusregion Wittenberg", Neustraße 13
06886 Lutherstadt Wittenberg
✆ (03491) 402610
E-Mail: info@tourismusregion-wittenberg.de
Internet: www.lutherweg.de

Bettina Brett und Astrid Mühlmann als Luthers Köchin und Cranachs Magd

Ortsregister

Abatassinenberg 83, 89, **95**
Augsburg 15, 75, 171, 174
Bad Düben 19, 130, 134, **135 ff.**, 185
Benndorf 27, **31 f.**
Bennstedt 63, **70**
Bergholz 89 f., **94**
Bergwitz 152 ff.
Bernburg 16, 53 f.
Bitterfeld(-Wolfen) 54, 98, 103, 112, **117 ff.**, 124, 130, 156, 185
Brachstedt 89, **95 f.**
Brehna 70, 103, **108 ff.**, 112, 114, 117, 123, 147
Burgstetten 97 f.
Delitzsch 80, 130, 154
Dessau(-Roßlau) 12, 16, 54, 130
Dölau 60
Dölauer Heide 13, 62f., **64 ff.**,
Dübener Heide 13, 16, 19, 64, 124, **130**, 134., 136, 138, 140, 142 ff., 154
Eilenburg 130
Eisenach 8, 14, 104, 148
Eisenhammer 141 f.
Eismannsdorf 95
Erfurt 8, 14, 75, **143**
Friedersdorf 112, 117, **122 ff.**, 185
Giebichenstein **68 ff.**, 77, 82f., 87, 114
Goitzsche 103, 112, **116 f.**, 119, 124
Goitzschesee 119 f.
Greppin 112
Gutenberg 11, 83, **84 ff.**, 94
Gütz 90, 97, **101 ff.**
Halle (Saale) 10 f., 12, 15 f., 18 f., 43, 46, 53 f., 57, 59, 61, 63 f., 66 ff., **69 ff.**, 83 f., 89, 101, 103, 114, 129, 156, 158, 164, 171, 181, 183
Hammermühle 134 f.
Heidelberg 143
Helbra 27, 30, **32 ff.**
Helfta, Kloster 19, 32, 37, **46 ff.**, 182
Hettstedt 21, 32
Hohen 95, **97**
Höhnstedt 16, 46, 53, **54 ff.**, 182 f.
Holzzelle 43, 61
Kemberg 12, 54, 121, 130, 134, 145 f., **147 ff.**, 152, 169, 186
Kienberge 20, 151, **156**
Klitzschena 152, **155 f.**
Klostermansfeld 19, 22, 27, **30 f.**
Köllme 53, 57, **61 ff.**
Kröllwitz 67 f.
Kütten 84, 93, **94 f.**
Landsberg 83, 97, 101 f., **103 ff.**
Leipzig 14, 24, 41, 75, 80, 98, 112, 130, 136, 143 ff., 148, 152, 156
Lieskau 64
Lubast 146 f.
Luthers „Kalte Stelle“ 49 f.
Lutherstadt Eisleben 2, 7 f., 10, 12, 14 f., 16, 19, 21 f., 30, 32, 34 ff., **37 ff.**, 46 ff., 59, 61, 68, 70, 73, 75, 98, 104, 109, 180 ff.
Lutherstadt Wittenberg 3, 8 ff., 16 ff., 25, 39, 73, 75, 77, 80, 98, 101, 104, 108, 110, 117, 121, 126 f., 130, 143 f., 148 f., 151 ff., 156 f., **158 ff.**, 180, 186 f.
Lutherstein 130, **143 f.**
Magdeburg 8, 12, 14, 24, 68 f., 79 f., 83, 86, 89, 95
Mansfeld-Lutherstadt 8, 14, 16, 19, **21 ff.**, 30, 33, 37, 39 f., 43, 48, 143, 174, 180 ff.
Mansfeld, Schloss 21 f., **27 ff.**
Marburg 75
Mühlbeck **121 f.**, 185
Muldenstein 124, **126 f.**
Muldestausee 103, 116, **124**, 126 ff., 130

Müllerdorf 57 ff.
Nehlitz 83, **89**
Niemberg 83, **97 ff.**,
Ochsenkopf 19, **145 f.**
Petersberg 54, 57, 83 f., 87, 89, **90 ff.**, 102, 104
Petersroda 103, 114, **116**
Plößnitz 101
Pohritzsch 108
Pouch 116, 124
Pratau 149, 156
Räthern 87
Roitzsch 112, **114**, 116
Rom 143
Schladitztanne 134, **144 f.**
Schlaitz 124, **128 f.**
Schwemsal 132, 134
Seeburg 21, 46, **51 ff.**, 182
Speyer 15, 171
Süßer See 21, 46, **51**
Teicha 19, **87 ff.**
Teutschenthal 70
Torgau 108, 130
Tornau (Dübener Heide) **138 ff.**, 185
Unterrißdorf 46, 48, **49**
Wellaune 136
Wettin 54, 108
Wilhelmsgrubenquell 145
Wohlsdorf 16
Wölls-Petersdorf 98, **101**
Würzburg 143
Worms **14**, 25, 75, 144, 152
Wormsleben 50
Wurp 95
Zappendorf 57 ff., **60 f.**, 80
Zorges 63
Zschernitz 103, **107**

Personenregister

Agricola, Johann **10**, 12, **39**, 182
Albrecht IV. (auch III. und VII.) 27 f., 34
Albrecht, Kardinal s. Brandenburg, Albrecht von
Amsdorf, Nikolaus von 108
Bernhardi, Bartholomäus **148 f.**, 169
Bila, Wolf von 16
Bora, Katharina von 12, 15, 103, **108 ff.**, 159, 172 f., 180, 186 f.
Brandenburg, Albrecht von **69 ff.**, 77 ff., 92, 162, 165, 183
Brehna, Friedrich I. von 122 f.
Brehna, Friedrich II. von 123
Brehna, Gero von 112
Brehna, Hedwig von 108
Brehna, Thimo von 112
Bugenhagen, Johannes 12, 74, 149, 159, 168, **169**
Caelius oder Coelius, Michael 22
Cranach d. Ä., Lucas 12, **165 f.**, 168, 186
Cranach d. J., Lucas 24, 149, 165 f., 168
Dedo IV. 92
Drake, Friedrich 167
Dreysse, Wolfgang 37
Eck, Johannes 14, 41, 143
Einbeck, Conrad von 76
Ernst II. 28
Ernst von Wettin 79
Fleck, Johannes 126 f.
Francke, August Hermann 75
Friedrich der Weise **158**, 163 ff., 171
Gebhard VII. 28
Georg, Heiliger 22 ff.
Georg von Sachsen 92
Göbel, Bernd 77

Grohs, Günter 149
Grünewald 78
Günter III. 28
Güttel, Caspar 34
Hacke, Albrecht von 86
Hahn, Graf von 52
Hakeborn, Mechtild von 48
Händel, Georg Friedrich 78
Hardenberg, Friedrich Freiherr von (Novalis) 40
Helfta, Gertrud von (die Große) 48
Heinrich I. 68, 97
Heinrich IV. 50
Heinrich der Fromme von Sachsen 92
Hoyer IV. 28
Hoyer VI. 28, 39
Hus, Jan 43
Johann der Beständige 163, 172
Johann Georg III. 24
Jonas, Justus 12, 39, 69 f., 72, 74, **75 f.**, 117, 149, 159, 164, 169, 187
Juckhoff, Paul 25
Kardinal Albrecht s. Brandenburg, Albrecht von
Karl V. 69
Koenig, Friedrich 40
Köppe, Wolfgang **138**, 140
Kohlhase, Hans 135 ff.
Konrad I. (der Große, von Wettin) **92 f.**, 104
Leo X. 174
Lindemann, Antonius **37**, 42
Luder, Hans/Johannes 8, 22, 24, **25 f.**, 37,
Luder, Jacob 22, **26**
Luder, Margaretha 8, 37
Magdeburg, Mechtild von 48
Magdeburg, Wichmann von 51, 98
Marcks, Gerhard 80
Meißen, Bruno von 123
Melanchthon, Philipp 10, 12, 39, 74 f., 80, 117, 149, 159, 163, 167 ff., **171 f.**, 174, 176, 182, 186
Müntzer, Thomas 87
Nithart, Mathis Gothart s. Grünewald
Novalis s. Hardenberg
Olearius, Johann 183
Otto I. 89, 95
Pohlenz, Volker **136,** 191
Rainer, Arnulf 149
Reuter, Christian 94
Rieseberg, Bartholomäus 109
Rinckart, Martin 34
Rudolf II. 164
Sabinus, Georg 117
Schadow, Johann Gottfried 39, 167
Schinkel, Karl Friedrich 98
Schönitz (Schenitz), Hans von **73**, 77, 82, 183
Seligmann, Martin 22
Selmenitz, Felicitas von **74**, 183
Siebenhaar, Adolph 154 f.
Siemering, Rudolf 41
Sixtus IV. 126
Spalatin, Georg 159
Spangenberg, Cyriakus **24**, 30
Stal d. Ä., Hans 44
Staupitz, Johann von 158
Stüler, Friedrich August 98
Tetzel, Johann 69
Thulin, Oscar 173
Vischer, Hermann 168
Vischer, Peter und Hans 163
Vogel, Andreas und Dorothea 44

Abbildungsverzeichnis

Fotos: Britta Schulze-Thulin, außer:
Deckert's Hotel und Restaurant: S. 44
Förderverein Evangelische Stadtkirche Bitterfeld e. V.: S. 118
Förderverein Gützer Kirche e. V.: S. 102
Kurt Fricke: Umschlag vorn, S. 175
Herrenhaus Muldenstein: S. 126
Kempinski Hotel Rotes Ross: S. 81
Astrid Mühlmann: S. 187

Umschlagfotos: vorn: Die Autorin und Martin Luther alias Bernhard Naumann (Kirchmeister Stadtkirche St. Marien) auf dem Wittenberger Marktplatz (Foto: Kurt Fricke), Relief an Luthers Geburtshaus in Eisleben, Marktkirche Halle, Ausschilderung des Lutherwegs, Schloss Mansfeld
hinten: Elbeimpression, Lutherdenkmal auf dem Marktplatz in Eisleben, Lutherweg bei Parnitz in der Dübener Heide, Altardetail der Kirche St. Petri-Pauli in Eisleben

Innenaufnahmen mit freundlicher Genehmigung von Burgschänke und Herberge „Goldener Löwe": S. 137; Evangelische Kirchengemeinde Kemberg, Dieter Schröter: S. 149; Evangelisches Pfarramt Götschetal: S. 86, 87, 88; Förderverein Evangelische Stadtkirche Bitterfeld e. V.: S. 118; Förderverein zur Erhaltung der Mühlbecker Kirche e. V., Martina Brück: S. 121, 122; Heimatverein Kütten/ Drobitz e. V.: S. 94; Kirchengemeinde St. Andreas – Nicolai – Petri, Lutherstadt Eisleben: Umschlag vorn, S. 40; Kirchengemeinde St. Annen, Lutherstadt Eisleben: S. 35, 52; Pfarramt Sandersdorf: S. 112, 114; Volker Pohlenz: S. 136

Umgebungskarten und Karte Lutherweg: Nicole Marquardt, nima»typo»grafik, (Internet: www.nima-typografik.de)
Innenstadtplan von Halle (Saale): Kartengrundlage mit Druckgenehmigung der Stadt Halle (Saale), Stadtvermessungsamt
Stadtpläne Wittenberg, Mansfeld und Eisleben: 2D-Grafik-Design Döring GbR, (Internet: www.2d-grafik-design.de)

Der Verlag und die Autorin freuen sich über Ihre Hinweise:
info@mitteldeutscherverlag.de oder schulze_thulin@gmx.net

Bibliografische Information der Deutschen Nationalbibliothek
Die Deutsche Nationalbibliothek registriert diese Publikation in der Deutschen Nationalbibliografie; detaillierte bibliografische Daten im Internet unter http://d-nb.de.

Haftungsausschluss
Die Angaben in diesem Reiseführer wurden gewissenhaft überprüft. Für die Aktualität, Korrektheit und Vollständigkeit übernimmt die Autorin keine Haftung. Die Autorin distanziert sich aus rechtlichen Gründen von allen Inhalten der aufgeführten Internetseiten. Auf aktuelle und zukünftige Gestaltung, die Inhalte oder Urheberschaft der angeführten Internetseiten hat die Autorin keinen Einfluss.

Layout: Mitteldeutscher Verlag, Halle (Saale)
Satz: nima»typo»grafik

ISBN 978-3-89812-597-0

Printed in Germany